Eine Bildreise

Josef Bieker / Thomas A. Merk / Ulrike Romeis / Ellert & Richter Verlag

Der Tegernsee und das Oberland

Thomas A. Merk, geb. 1953 in München, arbeitet als freier Autor, Journalist und Übersetzer englischer Romane in München. Im Ellert & Richter Verlag erschienen seine Bücher „Irland" und „Die Donau – Eine Bildreise".

Josef Bieker, geb. 1950, studierte Fotodesign bei Harald Mante und Pan Walther. Nach vier Semestern Kunststudium seit 1981 freiberuflich als Fotograf und Journalist für Buch- und Zeitschriftenverlage tätig. Zahlreiche Veröffentlichungen in den Bereichen Reiseliteratur, Bildbände, Fotokunstkalender und Bildpostkarten. Im Ellert & Richter Verlag erschienen die Bildreisen „Algarve", „Bergisches Land", „Auf Annette von Droste-Hülshoffs Spuren" und „Ostwestfalen und Teutoburger Wald".

Ulrike Romeis, geb. 1956 in München, studierte zuerst Germanistik und Geschichte, ab 1981 Fotografie in Dortmund. Seit 1989 freiberuflich für Agenturen, Verlage und Zeitschriften tätig. 1988 Kodak-Nachwuchs-Preis, 1991 Deutscher Fotoförderpreis. Ulrike Romeis lebt in Dortmund. Zusammen mit Josef Bieker fotografierte sie die Bildreisen „Algarve", „Auf Annette von Droste-Hülshoffs Spuren" und „Ostwestfalen und Teutoburger Wald".

Titelabbildung:
Der Tegernsee mit Rottach-Egern im Hintergrund

Bildnachweis:
Farbfotos:
Josef Bieker/Ulrike Romeis, Dortmund
Abbildungen im Textteil:
Bildarchiv Preußischer Kulturbesitz, Berlin: S. 6
Ulrike Romeis, Dortmund: S. 62 r., 63 l. u. r.
Süddeutscher Verlag Bilderdienst, München: S. 7, 18, 19, 20, 21, 31, 32 l. u. r., 33, 48, 50, 51, 61, 62 l., 76, 77, 78, 79 l. u. r.

Die Deutsche Bibliothek – CIP-Einheitsaufnahme

Der Tegernsee und das Oberland/Josef Bieker/Thomas A. Merk/Ulrike Romeis. – Hamburg: Ellert und Richter, 1995
(Eine Bildreise)
ISBN 3-89234-594-5
NE: Bieker, Josef; Merk, Thomas A.; Romeis, Ulrike

Text und Bildlegenden: Thomas A. Merk, München
Gestaltung: nach Entwürfen von Hartmut Brückner, Bremen
Lektorat: Kerstin Schmidt, Hamburg
Lithographie: Offset-Repro im Centrum, Hamburg
Satz: KCS GmbH, Buchholz/Hamburg
Karte: C/Mairs Geographischer Verlag/Studio Berann-Vielkind. Ausschnitt aus „Das Große Deutschland Panorama"
Druck: Passavia Druckerei GmbH, Passau
Bindung: Buchbinderei Büge, Celle

Inhalt

Es ist in keinem Atlas eingezeichnet, im „Brockhaus“ und in „Meyers Enzyklopädie“ sucht man vergeblich danach, und das „Bayerische Wörterbuch“ von Schmeller schweigt sich eisern darüber aus. Aber auch wenn keiner so recht sagen kann, wo es genau anfängt oder aufhört, ist sein Name ein stehender Begriff.

Die Rede ist vom bayerischen Oberland, einem vielbesungenen Stück Voralpenlandschaft, das Jahr für Jahr Tausende von Urlaubern, Touristen und Bergsteigern in seinen Bann zieht. Auf seine exakten geographischen Grenzen lassen sich selbst Koryphäen bayerischen Brauchtums nur ungern festlegen, aber grob gesehen beginnt es im Norden an einer gedachten Linie von Dietramszell zum Irschenberg und reicht im Süden bis an die Berge des benachbarten Tirol. Im Osten lassen sich in etwa die Orte Hundham, Fischbachau und Bayrischzell als Grenze bezeichnen, im Westen der Isarwinkel mit Tölz und Lenggries – für manche allerdings reicht in dieser Himmelsrichtung das Oberland sogar bis nach Weilheim, das in diesem Buch aber keine Erwähnung finden wird. Weil die Grenzen so fließend sind, sollte man den Begriff Oberland vielleicht weniger an Orten und Fluren festmachen, sondern eher an seinen Menschen, die bereits im Jahre 1838 Adolph von Schaden in seiner „Neuesten topographisch-statistischen Beschreibung des Tegern- und Schliersees, des Wildbades Kreuth und seiner Umgebung“ so charakterisierte:

„Übrigens sind die bayerischen Hochländer, jedes Standes und Geschlechts, immer fröhlich und heiteren Sinnes, ihr Humor ist stets gutmüthig, nichtsdestoweniger aber häufiger dennoch sehr witziger Natur. Die Jäger, die Arbeiter und die Sennerinnen verrichten, wo es nur angeht, ihre Geschäfte singend und jodeln oft recht angenehm in ihren eigenthümlichen Weisen. Man muß es lieben, dieses Volk, das so bescheiden ist und doch voll Kraft.“

Doch woher kamen die Menschen, die da so enthusiastisch bejubelt werden?

In der Nähe des Tegernsees gefundene Keramikfragmente lassen darauf schließen, daß um 1500 v. Chr. bereits Teile des bayerischen Oberlandes besiedelt waren. Etwa 1000 Jahre später lebte hier der keltische Stamm der Vindeliker, von dem die Archäologen manches Kriegsgerät und alltägliche Gebrauchsgegenstände, auch „Regenbogenschüsselchen“ genannte Goldmünzen zu Tage förderten. Anno 15 v. Chr. ist die große Zeit der Kelten vorüber, und die römischen Feldherren Drusus und Tiberius verleiben das Land zwischen den Alpen und der Donau dem Imperium Romanum ein. Der neu entstandenen Provinz Rätien bringen die Römer ihre überlegene Kultur, bauen befestigte Städte und legen Straßen an. Im Jahr 488, als sie sich unter dem Ansturm der Germanen endgültig über die Alpen zurückziehen müssen, hinterlassen sie als wichtigstes Erbe das Christentum, das sich seit dem 3. Jahrhundert in ihrem Weltreich ausgebreitet hat.

Nach und nach wandern verschiedene germanische Sippen ins spätere Bayern ein und vermischen sich mit den romanisierten Nachfahren der Kelten. Ein erstes Herzogsgeschlecht, die Agilolfinger, formt aus diesem Völkergemisch den Stamm der Bajuwaren, dem sie mit der „Lex Baiuwariorum“ ein schriftlich niedergelegtes Gesetz geben. Nachdem ihre Herrschaft 788 mit der Absetzung von Tassilo III. durch Karl den Großen ein abruptes Ende findet, wird Bayern fast 400 Jahre lang von einer kunterbunten Abfolge von Herrschern aus nicht weniger als sechs verschiedenen Dynastien regiert. Erst den Wittelsbachern, die mit Otto I. von Kaiser Friedrich Barbarossa 1180 die Herzogskrone erhalten, gelingt es schließlich wieder, eine dauerhafte Herrschaft in Bayern aufzubauen. Eine sehr dauerhafte sogar, denn bis zum Sturz der Monarchie im November 1918 bestimmen zuerst Herzöge, dann Kurfürsten und schließlich Könige aus diesem Herrschergeschlecht die Geschicke des Landes. Noch heute ist der Name dieser Dynastie untrennbar mit dem Tegernseer Tal, dem Herzstück des Oberlandes, verbunden. König Maximilian I. Joseph, vom Volk zärtlich „Vater Max“ genannt, gab 1817 mit dem Erwerb der Gebäude des säkularisierten Klosters Tegernsee den Startschuß für den beispiellosen Aufstieg der Gegend zu einer der ersten Hochburgen des Fremdenverkehrs – einen Boom, der bis heute ungebrochen anhält.

Bis dahin war es hier, wie fast überall im Oberland, eher beschaulich zugegangen. Noch Mitte des 8. Jahrhunderts galten die gebirgigeren Teile dieser Landschaft als „terra inculta“, eine von undurchdringlichen Urwäldern bedeckte Wildnis. Es waren Mönche, die, von den Agilolfingern ermutigt, den Wald zu roden begannen, Wiesen und Felder anlegten und sich den Fischreichtum der Seen zunutze machten. Das beste Beispiel für diese Bemühungen ist das Kloster Tegernsee, das durch die Urbarmachung und durch zahlreiche Schenkungen bald zu enormem Grundbesitz und großem materiellem Reichtum gelangte. Bis zu ihrer Aufhebung im Jahr 1803 blieb die Benediktinerabtei, die eine ganze Reihe von Tochterklöstern gegründet hatte, das geistige und wirtschaftliche Zentrum des Tegernseer Tals.

Für Kurfürst Max Emanuel (1662–1726), der im Spanischen Erbfolgekrieg sein Land vorübergehend verlassen mußte, erhoben sich die bayerischen Bauern im Volksaufstand von 1705. Während der Landesvater im fernen Brüssel hofhielt, wollten die Oberländer „lieber bayerisch sterben, als in des Kaisers Unfug verderben“.

Durch seine benachbarte Lage zum habsburgischen Tirol war das Oberland seit alters her von immenser militärischer Wichtigkeit. Um die bayerische Südgrenze möglichst wirkungsvoll vor feindlichen Einfällen zu schützen, rief der spätere Herzog Maximilian I. 1595 die „Landesdefension" ins Leben, eine Art in Krisenzeiten zu mobilisierende Landwehr, für die Bauern und Bürger auch im Frieden an Zielscheiben das Schießen üben sollten. Maximilian I. verfügte sogar, daß ein lediger Bauernbursche oder Geselle erst dann heiraten durfte, wenn er es verstand, mit einer Muskete umzugehen.

Und diese Fähigkeit war im Lauf der folgenden Jahrhunderte des öfteren gefragt. Ob im Dreißigjährigen Krieg von 1618 bis 1648, wo sie sich gegen die Schweden zur Wehr setzen mußten, die plündernd und mordend durchs Land zogen, ob in den Pandurenjahren von 1741 bis 1745, als die österreichisch-kaiserlichen Husaren des berüchtigten Oberst Trenck Lenggries angriffen, oder in den Napoleonischen Kriegen, als das mit Frankreich verbündete Bayern des öfteren Händel mit den Habsburgern hatte – immer wieder mußten die Gebirgsschützen, wie sie seit dem 17. Jahrhundert genannt wurden, in unruhigen Zeiten ihren Mann stehen.

Das Jahr 1705 – Bayern war in den Strudel des von 1701 bis 1715 dauernden Spanischen Erbfolgekriegs geraten – sollte für die Menschen aus dem Oberland besonders dramatisch werden. Verlassen von ihrem Kurfürsten Max Emanuel, der nach der verlorenen Schlacht bei Höchstädt eilends nach Brüssel geflohen war, und von kaiserlichen Besatzungstruppen bis aufs Blut ausgepreßt, entfesselten die Bayern einen der ersten wirklichen Volksaufstände in der europäischen Geschichte. Unter dem Schlachtruf „Lieber bayerisch sterben, als in des Kaisers Unfug verderben" marschierten im Dezember 1705 zwei Marschkolonnen von Aufständischen auf die von einem kaiserlichen Administrator verwaltete Landeshauptstadt München zu. Die eine kam aus dem Unterland, wo mit Braunau und Burghausen den Aufständischen zwei wichtige Städte in die Hände gefallen waren. In der zweiten Schar befanden sich neben den Gebirgsschützenkompanien auch viele Bauern des Oberlandes, von denen die meisten nur mit Wolfsspießen, Morgensternen, Sensen oder Dreschflegeln bewaffnet waren.

Am Weihnachtsabend, so lautete der Plan, sollten sie sich mit den Unterländern vereinigen und dann die Stadt erobern. Aber die Oberländer warteten vergebens auf ihre Waffenbrüder, die durch eine Reihe von widrigen Umständen aufgehalten worden waren. Als sie in der Christnacht schließlich allein die Mauern stürmten, wurden sie zurückgeschlagen und bei dem kleinen Dorf Sendling vor den Toren der Stadt zusammengetrieben. Nachdem sie die Waffen gestreckt hatten, wurden sie, trotz vorher zugesicherten Pardons, von den kaiserlichen Truppen gnadenlos niedergemetzelt. 1100 Menschen verbluteten bei dieser „Mordweihnacht" vor der Sendlinger Kirche im frisch gefallenen Schnee, 600 wurden verwundet. Nur 500 von ihnen gelang die Flucht zurück ins Oberland.

Blutige Auseinandersetzungen wie diese trugen sich seit dem Ende der Herrschaft Napoleons im Oberland glücklicherweise nicht mehr zu. Selbst als sich in den letzten Wochen des Zweiten Weltkriegs viele Einheiten der geschlagenen deutschen Wehrmacht in die bayerischen Gebirgstäler zurückzogen, blieb der angekündigte „Endkampf" um die nur auf dem Papier vorhandene „Alpenfestung" aus. Zwar wurden noch ein paar Brücken gesprengt – wie die in Gmund am Nordende des Tegernsees –, im großen und ganzen aber konnten die siegreichen Amerikaner ungehindert ins Oberland einmarschieren.

Heute bricht über diesen Teil Oberbayerns – besonders über den Tegernsee – jeden Sommer anstatt einer militärischen eine friedliche Invasion in Gestalt von Touristen aus aller Welt herein, und der Fremdenverkehr ist für viele Einheimische eine wichtige Einkommensquelle geworden. Wer deshalb – nicht ganz zu Unrecht – eine zunehmende „Verpreußung" beklagt, dem ist es vielleicht ein schwacher Trost, daß der Münchner Rechtsanwalt und Schriftsteller Ludwig Steub bereits Mitte des 19. Jahrhunderts schrieb: „Wenn man nämlich die Städte und Flecken am Gebirge, vielmehr die Sommerfrischorte betrachtet, so zeigt sich, daß schon viele an andere Nationen übergegangen sind. Reichenhall gehört der Welt im allgemeinen, Tölz und Partenkirchen sind preußisch geworden, andre kleine Orte sind von anderen kleineren Stämmen, den Hannoveranern, Mecklenburgern, Sachsen eingenommen. Tegernsee ist paritätisch, den Münchnern alleinig untertan sind nur noch Starnberg und Miesbach."

Ganz offensichtlich mußten die Bayern eben schon immer ihr schönes Land mit vielen anderen teilen.

Am ersten Weihnachtsfeiertag des Jahres 1705 metzelten kaiserliche Truppen bei dem damals noch vor den Toren Münchens gelegenen Ort Sendling aufständische Bauern und Gebirgsschützen, die sich bereits ergeben hatten, gnadenlos nieder. Das Massaker, das als „Sendlinger Mordweihnacht" in die Geschichte einging, stellt diese Votivtafel aus der Kalvarienbergkapelle in Lenggries besonders drastisch und eindringlich dar.

Eingebettet in sanft ansteigende Berge, die sich im Norden zur Münchner Schotterebene hin öffnen – so sieht man den Tegernsee vom an seinem südlichen Ende gelegenen Wallberg aus. Nichtbergsteiger gelangen über eine Autostraße oder die 1951 erbaute, 2,1 Kilometer lange Seilbahn in die Höhe. Im Herbst ist der beliebte Aussichtsberg eine Domäne der Drachenflieger, im Winter verwandelt er sich, genügend Schnee vorausgesetzt, in ein vielbesuchtes Skigebiet.

Solche urgemütlichen Holzhäuser – wie hier in Dietramszell – findet man im Oberland zum Glück noch allenthalben, auch wenn seit den sechziger Jahren mit einfallslos modernen oder viel zu protzigen Neubauten im „Jodlerstil“ viel gesündigt wurde. Neuerdings besinnt man sich wieder auf eine traditionelle, bodenständige Bauweise, die im Einklang mit Landschaft und Natur steht.

SOLI
DEO
GLORIA

An der Stelle, wo im Jahr 1098 der Mönch Dietram eine kleine Kapelle errichten ließ, entwickelte sich im Lauf der Jahrhunderte ein Augustinerchorherrenstift, dessen prächtige Barockkirche nach Auflösung des Klosters im Jahr 1803 erhalten blieb. Direkt neben der Kirche erinnert übrigens eine Gedenktafel daran, daß in den zwanziger Jahren der Generalfeldmarschall und spätere Reichskanzler Paul von Hindenburg regelmäßig zu einem Jagdurlaub nach Dietramszell kam.

Im Sommer ist er zum Baden ein wenig kalt, dafür aber friert er im Winter schnell zu. Seit 1952 ist der auf 1085 Meter Höhe gelegene Spitzingsee mit dem Auto erreichbar, was zur Folge hatte, daß sich seither die einst so stillen Berge ringsum immer mehr in einen nicht nur bei Münchner Brettl-Fans beliebten Skizirkus verwandelten.

Der „Verein Wendelstein-Kirchlein“ war es, der unter großen Mühen 1889 diese kleine Kirche auf dem damals noch nicht von Bergbahnen erschlossenen Wendelstein errichten ließ. Mittlerweile teilen sich unter anderem ein Hotel, eine Wetterstation, ein Sonnenobservatorium und ein Sendemast des Bayerischen Rundfunks den langsam knapp werdenden Platz auf dem Gipfel des beliebten Aussichtsberges.

Eine kleine Kapelle in der Vorderriß, einem engen Tal mitten im bayerischen Karwendelgebirge, Anfang der siebziger Jahre des vorigen Jahrhunderts: Ein Pater aus dem zwei Wegstunden entfernten Franziskanerkloster Hinterriß liest die sonntägliche Messe für die Flößer, Jäger und Holzknechte, die hier in der Nähe des königlichen Forsthauses in den Bergen ihre harte Arbeit verrichten. Auch der Herr Oberförster und seine Familie knien auf den harten Holzbänken und beten.

„Da geschah es zuweilen", erinnert sich der damals noch keine sechs Jahre alte Sohn des Försters, „daß vorne auf einem mit Samt ausgeschlagenen Betstuhle ein hochgewachsener Mann kniete, der sein Kreuz schlug und der Zeremonie andächtig folgte, wie der Sagknecht oder Kohlebrenner, der durch ein paar Bänke von ihm getrennt war. Wenn der Mann aufstand und die Kapelle verließ, ragte er über alle hinweg, auch über den langen Herrn Oberförster, der doch sechs Schuh und etliche Zoll maß. Sein reiches, gewelltes Haar und ein Paar merkwürdige, schöne Augen, fielen so auf, daß sie dem kleinen Buben, den man zu einem ehrerbietigen Gruß anhielt, in Erinnerung blieben. Der Mann war König Ludwig II."

Und der Förstersohn, den der großgewachsene Monarch damals so mächtig beeindruckte, war kein Geringerer als der junge Ludwig Thoma, der als Schriftsteller ein paar Jahrzehnte später Bayern und seinen Bewohnern ein literarisches Denkmal setzen sollte. Bis 1873, als sein Vater nach Forstenried bei München versetzt wurde, lebte der 1867 geborene Thoma hier in der einsamen Vorderriß mit ihren drei Häusern.

König Ludwig II. – hier kurz vor seiner Thronbesteigung im Jahr 1864 vom Hofphotographen Max Stuffler portraitiert – erholte sich in den Anfangsjahren seiner Regierung gerne im königlichen Forsthaus in der Vorderriß.

Mehr sind es dort bis heute nicht geworden, und den durstigen Wanderer, der von einer der vielen schönen Touren in den umliegenden Bergen zurückkehrt, dürfte von ihnen vor allem der gemütliche „Gasthof zur Post" anziehen. Auf dessen sonniger Terrasse kann man dann neue Wanderpläne schmieden – von hier aus ist es beispielsweise nicht mehr weit bis in den Großen Ahornboden mit seinem einmaligen, Hunderte von Jahren alten Baumbestand auf 1200 Meter Höhe, der besonders im Herbst den Besucher mit einer wahren Farbenpracht in Gelb-, Orange- und Brauntönen verzaubert.

Nicht weit vom Gasthof entfernt steht noch heute das Thomasche Forsthaus, direkt neben dem ehemaligen Jagdhaus des Königs. Jedes Jahr, so erinnert sich Ludwig Thoma, erschien hier im Sommer der Troß des Königs mit Hofkutschen und Proviantwagen, Lakaien und Adjutanten. Den Buben faszinierte dieses aufgeregte Treiben, das mit einem Mal die sonst so bedächtige Stille des kleinen Weilers unterbrach, und das nicht zuletzt wegen der Zuckerbäckereien und des Gefrorenen, die ein großzügiger Küchenmeister des Königs den staunenden Kindern schenkte. Sechs bis acht Wochen blieb der Märchenkönig, der lieber in den Bergen weilte als in der ungeliebten Münchner Residenz, zur Sommerfrische in der Vorderriß. Mit der Zeit kannte er die Namen der dort arbeitenden Jäger und sprach sie bisweilen auch auf seinen Waldspaziergängen an. „Seine Freude an der Natur", so erinnert sich Thoma später, „galt in meinem Elternhause wie bei allen Leuten in den Bergen als besonderer Beweis seines edlen Charakters, und niemandem fiel es ein, an krankhafte Erscheinungen zu glauben."

Allerdings, das merkt Thoma auch an, durfte während Ludwigs Anwesenheit in einer bestimmten Entfernung kein Schuß fallen, denn „er wollte sich Tod und Vernichtung nicht in diesen Frieden hineindenken".

Da war Prinzregent Luitpold, der dem 1886 abgesetzten und kurz darauf unter mysteriösen Umständen ums Leben gekommenen Ludwig II. auf den Thron folgte, schon weniger zart besaitet. Jedes Jahr kam er zusammen mit seinem Leibjäger Skell in den Isarwinkel, die Landschaft um den Oberlauf der Isar von der Vorderriß bis Bad Tölz, um hier „seinen" Gamsbock zu schießen. Besonders gern ging der populäre Monarch mit dem Rauschebart in den Bergen um den kleinen Weiler Fall auf die Pirsch, wo sich die Isar damals noch schäumend durch die Felsenge am Sylvenstein zwängte. In dieser abgelegenen Gegend wurde bis ins 19. Jahrhundert hinein noch Jagd auf Bären, Wölfe und Luchse gemacht.

Ludwig Ganghofer, der Altmeister des bayerischen Heimatromans, beschreibt die kleine, nur aus sechs Wohnhäusern und einer Wirtschaft bestehende Siedlung in seinem Roman „Der Jäger von Fall", der von 1880 bis 1881 im dortigen „Jägerhäusl" entstand, folgendermaßen: „Eng eingezwängt zwischen ragende Berge und bespült von den kalten Wassern der Isar und Dürrach liegt dieser schöne Fleck Erde in stillem Frieden."

Auch heute umgibt stiller Frieden die alte Ortschaft Fall, aber es ist ein anderer als der, den Ganghofer in seinem Bestseller beschrieb. Wollte nämlich heute jemand hier auf die Jagd gehen, dann müßte er schon die Lodenjoppe mit einem Taucheranzug und das Gewehr mit einer Harpune vertauschen, denn schließlich liegt das alte Fall seit Ende der fünfziger Jahre am Boden des damals angelegten Sylvenstein-Stausees. Von der Deutschen Alpenstraße aus betrachtet, die ihn auf der 400 Meter langen Faller Klammbrücke überquert, wirkt der langgestreckte See zwischen steilen Bergen ein bißchen wie ein norwegischer Fjord, der sich in die Alpen verirrt hat. Drei Wasserarme füllen auf einer Fläche von sechs Quadratkilometern die Täler der Isar, der Dürrach und des Walchen; in einem von ihnen kann man bei Niedrigwasser noch heute die Grundmauern des alten Dorfes aus den grünlich klaren Fluten heraufschimmern sehen.

Als 1959 das letzte Haus, schon bis zum ersten Stock im Wasser stehend, von Pionieren der Bundeswehr gesprengt wurde, waren die Bewohner von Fall schon längst in einen neuen, auf dem Reißbrett entworfenen Ort gleichen Namens übergesiedelt, den man ihnen auf einem Hügel hoch über dem künstlichen See hingebaut hatte. Auch hier gibt es eine Kirche und zwei Gasthäuser wie im alten Fall, aber irgendwie will zwischen den etwas steril wirkenden Häusern im Stil der sechziger Jahre keine rechte Gebirgsromantik à la Ludwig Ganghofer mehr aufkommen.

Der Sylvenstein-Stausee, vor 30 Jahren noch als Triumph des Menschen über die Natur gefeiert, ist der vorläufige Schlußpunkt einer Reihe von Maßnahmen, mit denen in unserem Jahrhundert tiefgreifend in den Lauf der Isar eingegriffen wurde. Dabei brauchten die Wasserbauingenieure und Kraftwerkskonstrukteure nur wenige Jahrzehnte, um das Gesicht der seit etwa 15 000 Jahren gewachsenen Landschaft des Isarwinkels gründlich zu verändern.

Ludwig Ganghofer (1855–1920) machte in Romanen und Erzählungen Landschaft und Menschen des Oberlandes weit über Bayerns Grenzen hinaus bekannt. Zu den berühmtesten Werken des Heimatdichters – hier auf einem Photo aus dem Jahr 1913 – gehört der Roman „Der Jäger von Fall“, den er im „Jägerhäusl“ in der mittlerweile unter den Fluten des Sylvenstein-Stausees liegenden Ortschaft Alt-Fall zu Papier brachte.

Begonnen hat es 1920 mit dem Bau eines Wehrs bei Krün, das noch heute der Isar einen Großteil ihres Wassers entzieht und per Kanal und unterirdischen Stollen in den zwei Kilometer entfernten Walchensee leitet. Von dort aus fällt es in sechs dicken Rohren hinunter in den 200 Meter tiefer gelegenen Kochelsee und treibt dabei die Turbinen des von Oskar von Miller entworfenen, 1925 fertiggestellten Kraftwerks an.

Wer bei dieser technischen Meisterleistung das Nachsehen hatte, war die Isar. Von einem einstmals unbändig schäumenden Gebirgsfluß blieb unterhalb von Krün nur noch ein klägliches Rinnsal übrig, das inzwischen in heißen Sommern öfters fast vollständig austrocknet. Um der Isar, der man nach dem Zweiten Weltkrieg auch noch das Wasser des Rißbachs wegnahm und ebenfalls dem Walchensee zuleitete, wenigstens noch ein Minimum an Wasser zu erhalten, legte man in den fünfziger Jahren als eine Art Zwischenspeicher den Sylvenstein-Stausee an. Dieser soll einerseits im Falle starken Regens in den Alpen die weiter isarabwärts auftretenden Hochwasser verhindern, andererseits aber auch dafür sorgen, daß in den trockenen Sommermonaten der Isar wenigstens wieder ein bißchen Wasser zukommt. Leider wird er dieser Aufgabe mangels Zufluß nur ungenügend gerecht, weshalb es in jüngerer Zeit auch nicht an Plänen fehlt, die Isar wenigstens teilweise zu renaturieren. So wird seit 1990 dem Sylvenstein-Stausee, dessen südlicher Teil in trockenen Sommern eher an eine braungraue Schlammwüste erinnert, vom Krüner Wehr wieder etwas mehr Wasser „spendiert“.

Trotzdem ist es nur noch ein spärliches Flüßchen, das sich heute vom Sylvenstein-Speicher aus durch die wenige Kilometer stromabwärts gelegene Ortschaft Lenggries windet. Bei seinem Anblick kann man sich kaum vorstellen, daß hier noch vor 100 Jahren eines der wichtigsten Zentren der Isarflößerei war. Lenggries, das heute etwas mehr als 8000 Einwohner hat, deckte zusammen mit dem nahen Tölz jahrhundertelang Münchens schier unstillbaren Bedarf an Bau- und Brennholz. Auch das Holz für den Bau der Münchner Frauenkirche kam in den Jahren von 1468 bis 1488 mit über 1300 Flößen isarabwärts.

Den zusammengebundenen Baumstämmen wurden Fässer mit Südtiroler Wein, die Tragetiere auf Saumpfaden über die Alpen gebracht hatten, ebenso anvertraut wie das früher „Baumöl“ genannte Olivenöl aus dem fernen Italien. Letzteres war vor allem in der Fastenzeit, als rigorose Vorschriften den Verzehr von tierischen Fetten wie Butter und Schmalz verboten, sehr begehrt. Flöße aus Lenggries waren auch dabei, als Kurfürst Max Emanuel Ende des 17. Jahrhunderts von München aus isarabwärts zur Donau und von da in die Türkenkriege zog.

Heute findet Flößerei auf der Isar nur in Form von „Gaudifahrten“ mit Bier und Blaskapelle zwischen Wolfratshausen und München statt, und Lenggries hat sich längst vom Flößer- zum Fremdenverkehrsort entwickelt. Bereits 1937 wurde der erste Skilift auf dem Brauneck errichtet, wo Abfahrten mit den Namen „Stachus“ und „Neuhauserstraße“ keinen Zweifel daran aufkommen lassen, daß es sich hier um einen beliebten Hausberg der Münchner Skifans handelt. Wochenende für Wochenende lassen sie sich im Winter von der 1957 eröffneten Brauneckbahn auf über 1500 Meter Höhe bringen, wo neben 32 Pistenkilometern und nahezu 20 Liften ein vielbesuchter Skizirkus auf sie wartet.

Für Lenggries, die Heimatstadt der Skirennläuferin Michaela Gerg, ist die weiße Pracht, die in den schneearmen Wintern der jüngsten Zeit leider immer spärlicher vom Himmel rieselt, längst zu einer der wichtigsten Einnahmequellen geworden.
Ein „weißes Gold" ganz anderer Art lieferte die Isar noch bis vor wenigen Jahrzehnten den Ortschaften an ihren Ufern sozusagen direkt vor die Haustür. Erst seit die Staumauer des Sylvenstein-Speichers jeglichen Transport von Geröll und Geschiebe aus dem Karwendel zurückhält, findet man auf den ausgedehnten Kiesbänken bei Lenggries und Bad Tölz immer seltener die weißen, rundgeschliffenen Kalksteine, die früher von Frauen aufgesammelt und sorgfältig in kegelförmige Öfen geschichtet wurden. Über einem Buchenholzfeuer tagelang bei über 1000 Grad Celsius Hitze gebrannt, entstand so ein feiner, als Baustoff begehrter Kalk, der auch die Grundlage für die Lüftlmalereien bildet, die noch heute die Fassaden der für den Isarwinkel so typischen, behäbig-harmonischen Bauernhäuser zieren.
In Bad Tölz, wo ein solcher alter Kalkofen noch heute gelegentlich in Betrieb genommen wird, kann man an den Häusern der Marktstraße besonders prächtige Beispiele dieser von dem Maler Franz Seraph Zwinck Ende des 18. Jahrhunderts zum ersten Mal so benannten Freskomalerei bewundern. Ornamente, Heilige, Sinnsprüche und Szenen aus der Geschichte der Stadt schmücken viele Häuser an der in einem sanften Bogen von der Isar ansteigenden Marktstraße, die eine der schönsten in ganz Bayern ist.
Tölz – die Einheimischen lassen den Namenszusatz „Bad", den der Ort wegen seiner Jodquellen seit 1899 trägt, gerne weg – war wegen seiner Lage an der alten Salzstraße von Reichenhall ins Allgäu schon lange vor München ein bedeutender Warenumschlagplatz. In der Marktstraße erbauten sich seine durch den Handel mit Salz und Wein reich gewordenen Bürger ihre bayerisch-gemütlichen Patrizierhäuser, deren Verwurzelung in der Architektur des bäuerlichen Umlandes sich hier und da an weit vorspringenden Walmdächern und zierlichen, mit Holzschindeln gedeckten Zwiebeltürmchen erkennen läßt.
Durch diese Straße führt alljährlich am 6. November die traditionelle Tölzer Leonhardifahrt. Wenn die Männer auf ihren schweren Oberländer Gäulen und die Frauen in den prächtig geschmückten und

Floßfahrten von Tölz nach München dienten früher nur selten – wie auf diesem Bild von 1912 – dem Vergnügen der Passagiere, sondern stellten über Jahrhunderte hinweg die wichtigste Transportverbindung zwischen dem Oberland und der Landeshauptstadt dar. Heute ist nach einer tiefgreifenden Regulierung der Isar die Flößerei nur noch zwischen Wolfratshausen und München möglich, wobei es sich ausschließlich um „Gaudifahrten" mit Bier und Blasmusik handelt.

bunt bemalten Tafel- und Truhenwagen hinauf zur Kapelle des heiligen Leonhard auf den Kalvarienberg ziehen, säumen Tausende von begeisterten Zuschauern den Weg. Auf der Rückfahrt hinunter in die Stadt knallen die langen Peitschen der „Goaßlschnalzer“ so laut wie Gewehrschüsse durch die vom Schweiß der Gäule dampfende Luft, Glöckchen klingen am Pferdegeschirr, und die Mädchen in der Tölzer Tracht mit dem typischen Schnurhut winken vom Wagen herab freundlich den Umstehenden zu.

Die Leonhardifahrt ist nicht die einzige Tradition, die in Tölz großgeschrieben wird. Die Gebirgsschützenkompanie der Stadt – beim Volksaufstand von 1705 gehörte sie zu den „Elitetruppen“ – ist mittlerweile weniger auf die „Landesdefension“ als auf die Bewahrung alter Sitten, Gebräuche und Trachten bedacht. Heute kann man sie hauptsächlich bei Festtagen und Feierlichkeiten bewundern, die Schützen in ihren langen, braunen Joppen, den „Stopselhut“ auf dem Kopf und den Stutzen über der Schulter, die Pioniere mit dicken Lederschürzen und Äxten, die Tamboure und die Marketenderinnen. Wenn der Schützenhauptmann mit blankgezogenem Säbel und lauter Stimme seine Befehle erteilt wie schon vor Jahrhunderten, spürt auch der Urlauber aus Norddeutschland, daß hier ein echter Brauch lebendig gehalten und kein folkloristisches Theater für Touristen veranstaltet wird. Zuviel Anlehnung an die deutschen „Brudervölker“ wurde den Tölzer Schützen in der Vergangenheit übrigens einmal zum Verhängnis. Als sie sich im Revolutionsjahr 1848 in einem Anflug nationalen Überschwangs eine schwarz-rotgoldene Fahne zulegten, erregte das den Unmut der konservativer gestimmten Schützenkompanie aus dem benachbarten Wackersberg. Bei einem Waldfest zu Ehren des damaligen Reichsverwesers Erzherzog Johann fielen die Wackersberger über die Tölzer her und nahmen ihnen das nagelneue Stück Tuch ab. Nachdem eigens eine Abteilung des Königlichen 1. Infanterieregiments aus München hatte anrücken müssen, um die Streithähne zur Räson zu bringen, versuchten die Tölzer nunmehr auf gerichtlichem Weg, die Wackersberger zur Herausgabe der Fahne zu bewegen. Die aber erwiesen sich als ausgemachte Dickschädel. Erst 100 Jahre später, am 8. August 1948, gaben sie den Tölzern das geraubte Stück wieder – aber nicht für die Gebirgsschützen, sondern als Ausstellungsstück fürs Heimatmuseum.

Schneidige Burschen waren sie schon, die Lenggrieser Gebirgsschützen, die sich 1905 zum 200jährigen Gedenken an die Sendlinger Mordweihnacht von 1705 versammelten. Auch heute noch wird in den zahlreichen Gebirgsschützenkompanien des Oberlandes Tradition ganz großgeschrieben.

In der Jachenau, einem langgestreckten Tal zwischen Lenggries und dem Walchensee, läßt es sich wunderbar wandern. Besonders im Frühling und Frühsommer, wenn die Wiesen würzig duften und oft ein ganz besonderes Lüftchen weht, macht es Spaß, hier auf Schusters Rappen so hübsche Details zu entdecken wie dieses alte Wegkreuz inmitten satter Blumenpracht.

Nein, das ist kein Fjord irgendwo in Norwegen, sondern der Ende der fünfziger Jahre entstandene Sylvenstein-Speichersee. Ein Erddamm staut oberhalb von Lenggries den Lauf der Isar zu einer sechs Quadratkilometer großen Wasserfläche auf. In den Fluten des bis zu 80 Millionen Kubikmeter Wasser fassenden Sees liegt das alte Dorf Fall begraben, dem der Schriftsteller Ludwig Ganghofer in seinem mehrfach verfilmten Roman „Der Jäger von Fall" ein literarisches Denkmal gesetzt hat.

B

ürgerhäuser, die ihre bäuerlichen Wurzeln nicht verbergen können – und auch nicht wollen – zieren die Marktstraße von Bad Tölz. Ein jedes ein Prachtexemplar für sich, oft mit phantasievollen Lüftlmalereien verziert, bilden sie zusammen eine großartige Kulisse für die jährlich in Tölz stattfindende Leonhardifahrt, bei der sich unverfälschtes Brauchtum bis in die heutige Zeit erhalten hat.

JUWELIER MAYER
APOTHEKE
Oberland
APOTHEKE
Oberland Apotheke
Oberland

Tafelwagen nennt man bei den vielerorts im Oberland stattfindenden Leonhardifahrten diese blumengeschmückten und buntbemalten Gefährte, in denen meist nur Frauen sitzen. Die Männer schwingen sich am 6. November, wenn der heilige Leonhard, der Schutzpatron des Viehs, seinen Festtag hat, lieber selbst auf eines der prächtigen Rösser, an denen im Oberland auch heute noch kein Mangel herrscht. An manchen Orten hat man die Leonhardifahrt – wohl den zahlreich anreisenden Touristen zuliebe – mittlerweile auf den Sonntag vor oder nach dem 6. November verlegt.

Schon vor mehr als einhundert Jahren schrieb Ludwig Steub über ein schönes Sommerwochenende: „Wenn man um diese Zeit durch Gmund fährt, sieht man nur die bekanntesten Münchner Köpfe zu den Fenstern herausschauen. Münchner Mütter wandeln auf den Altanen der Bauernhäuser; Münchner Fräulein jodeln aus den Dachluken; Münchner Kinder spielen den Franzosenkrieg auf den Gmunder Wiesen."

Viel hat sich daran bis heute nicht geändert; noch immer drängt es die Münchner an sonnigen Wochenenden in die Berge und an die Seen des Voralpenlands, nur jodeln sie heute eher selten aus den Gmunder Dachluken, sondern hängen entnervt und schwitzend die Köpfe aus den Fenstern ihrer Autos, die sich in einer langen Schlange am Gmunder Berg stauen.

Schon immer war Gmund das „Tor zum Tegernsee", das vor der Weiterfahrt ins verlockend nahe Tegernseer Tal erst einmal passiert werden mußte. Lange Jahre verließen hier die Passagiere der 1883 gegründeten Tegernseebahn die Waggons, um zur Weiterfahrt in die von Pferden gezogenen, hölzernen „Stellwagen" umzusteigen. Die 1902 bis ins Dorf Tegernsee verlängerte Bahnstrecke wird immer noch von der Tegernseebahn GmbH, einer der wenigen noch existierenden deutschen Privatbahnen, betrieben. Die Fahrt mit ihren täglich zwischen Schaftlach und Tegernsee verkehrenden Zügen stellt eine der umweltfreundlichsten und bequemsten Arten dar, sich dem See zu nähern. Wenn dann noch an bestimmten Sonntagen im Sommer zur Freude der von weither angereisten Eisenbahnenthusiasten eine 1936 bei Krauss-Maffei gebaute Dampflok bestens erhaltene Wagengarnituren aus den zwanziger Jahren über die Gleise zieht, kommen bei den Passagieren Reminiszenzen an Ludwig Thomas legendären Einakter „Erster Klasse" auf.

Sogar die Kühe auf den Weiden rund um Gmund – längst an das Geräusch modernerer Züge gewöhnt – heben interessiert die Köpfe, wenn das dunkle Rauchwolken ausstoßende Monstrum pfeifend und schnaubend an ihnen vorbeidampft. Daß die meisten dieser Tiere der stattlichen, weiß-braun gefleckten Rasse angehören, die so typisch für die Wiesen des Oberlandes ist, hat man übrigens einem tatkräftigen Wirtssohn aus Gmund zu verdanken. Gerade 17 Jahre alt geworden, zog Max Obermayr 1835 von hier aus zusammen mit dem Bauern Johann Fischbacher in einem Pferdewägelchen ins schweizerische Simmental, wo es damals weit und breit die prächtigsten Rinder gab. Diese wollten die beiden in den kleinen, braunen Miesbacher Landschlag einkreuzen, der ihnen zu karg an Fleisch und zu niedrig in der Milchleistung war. 35 Tage dauerte die Reise, dann kamen Obermayr und Fischbacher wieder nach Gmund zurück – zusammen mit zwölf Kühen, drei Kälbern und einem 17 Zentner schweren Stier, die sie zu Fuß über Zürich, Sankt Gallen, Bregenz und das Allgäu nach Hause getrieben hatten. Noch über 50 Mal machte der Obermayr Maxl die Reise in die Schweiz, und das aus seinen Simmentaler Rindern hervorgegangene Miesbacher Alpenfleckvieh, von dem sich – selbstverständlich auch von Obermayr – der russische Zar Nikolaus I. im Jahr 1838 gleich 53 Stück ins ferne Sankt Petersburg treiben ließ, ist auch heute noch in aller Welt begehrt.

An Viehzucht war im Tegernseer Tal überhaupt noch nicht zu denken, als im 8. Jahrhundert erste Mönche begannen, die Wildnis rund um den See urbar zu machen. Die beiden Brüder Adalbert und Otkar aus dem reichen bayerischen Adelsgeschlecht der Huosi waren es, die nach der Überlieferung des Klosters im Jahr 719 am Ufer des „tegaro seo" – althochdeutsch für „großer See" – die ersten Wälder roden und ein Kloster errichten ließen.

Weil ein richtiges Kloster auch einen echten Heiligen brauchte, unternahmen die Brüder alsbald eine Reise nach Rom und bekamen vom Papst die Gebeine von zwei Heiligen quasi im „Doppelpack" zugesichert: die des um das Jahr 270 in Rom enthaupteten heiligen Quirinus für ihr Kloster Tegernsee und die des heiligen Arsacius für das ebenfalls von Adalbert und Otkar gegründete Kloster Ilmmünster. Als etliche Jahre nach ihrer Romreise (man vermutet zwischen 766 und 769) die Reliquie von Quirin in einem vom Papst versiegelten Behälter endlich in Tegernsee eintraf, wurde sie von den Mönchen bereits sehnsüchtig erwartet. Ihre Vorfreude wurde nicht enttäuscht, denn als der Sarg von seinen Trägern nicht weit vom Kloster zum letzten Mal abgesetzt wurde, trat dort, wo heute an der Straße von Gmund nach Tegernsee das im Jahr 1450 errichtete St. Quirins-Kirchlein steht, auch gleich eine muntere Quelle aus dem Boden. St. Quirin hatte für sein erstes Wunder gesorgt.

Auch fortan schien der Hausheilige von Tegernsee die Geschicke des Klosters günstig zu bestimmen, denn in den folgenden Jahrhunderten wuchs es zu einer der größten und erfolgreichsten Benediktinerabteien in Bayern, ja ganz Deutschland, heran. Zu seinem ausgedehnten Besitz im Tegernseer Tal kamen im Lauf der Zeit auch Ländereien in Schwaben, Tirol und Niederösterreich. Bereits im Jahre 925 soll es 11 866 Bauernhöfe besessen haben, und jedes Jahr nahmen 40 Fuhrwerke mit Wein aus den klostereigenen Rebgärten in Südtirol den beschwerlichen Weg über den Brenner.

Nicht nur die Mehrung seines weltlichen Besitzes lag dem Kloster am Herzen, sondern auch die Förderung und Bewahrung eines reichen Geisteslebens. So soll die Abtei, in der besonders Literatur, Wissenschaft und Musik gepflegt wurden, bereits um das Jahr 1500 eine größere Bibliothek als der Vatikan besessen haben. In der 1573 gegründeten Klosterdruckerei entstanden nicht nur Erbauungsschriften, Gesangbücher und theologische Abhandlungen, sondern auch weltliche Standardwerke wie das von Graf Hans Friedrich Hörwarth von Hohenburg verfaßte „Von der Hochberhümpten Adelichen und Ritterlichen Kunst der Reytery".

Das Jahr 1803, in dem der Besitz sämtlicher Klöster in Bayern vom Staat beschlagnahmt wurde, bedeutete nicht nur für diese vielgerühmte Druckerei das Aus. Auch das Kloster selbst wurde mit all seinem Inventar und seinen Nebengebäuden von einem Privatmann aufgekauft, der sich sofort daran machte, es möglichst gewinnbringend wieder zu veräußern. Dabei ging der neue Besitzer Freiherr Carl Joseph von Drechsel alles andere als zimperlich vor und verscherbelte den unersetzlichen Kunstbesitz des Klosters kurzerhand an jeden, der ihm genügend Geld dafür bot. So kommt es, daß heute in der Klosterkirche nur noch drei der insgesamt 14 barocken Altäre zu sehen sind und von den über 60 000 Bänden der Bibliothek lediglich 5580 in den Besitz der Bayerischen Staatsbibliothek gelangten. Auch mit den in den Jahren 1690 bis 1786 aufwendig umgebauten und erweiterten Gebäuden des Klosters sprang von Drechsel recht rigoros um. Den Gebäudetrakt zum See hin, der erst wenige Jahrzehnte zuvor fertiggestellt worden war, ließ er kurzerhand abreißen und als Baumaterial verkaufen.

Zum Glück für Tegernsee nahte im Jahr 1817 die Rettung in Gestalt des bayerischen Königs Max I. Joseph. Der Monarch, der 1803 noch als Kurfürst die Säkularisation der Klöster befohlen hatte, verliebte sich auf einer Reise durch das Oberland in das einmalig gelegene Ensemble und kaufte von Drechsel den gesamten Klosterkomplex für 90 000 Gulden ab – 50 000 mehr, als dieser selbst dafür hingeblättert hatte.

Des Königs Begeisterung kann jeder nachempfinden, der an einem schönen Herbstabend vom Klosterbräustüberl – vielleicht nach dem Genuß einer Maß „St. Quirinus-Bock" und einer zünftigen Brotzeit – zum Seeufer spaziert. Wenn die ersten Nebel aus dem Wasser steigen, die Sonne eben hinter Luckenkopf und Semmelberg am gegenüberliegenden Ufer versunken ist und ein paar späte Enten vor dem Anlegesteg der Bayerischen Tegernseeschiffahrt herumpaddeln, kann man sich gut vorstellen, wie urtümlich es hier

Im Jahr 1817 kaufte König Max I. das bereits halb abgerissene Kloster Tegernsee und rettete es damit vor der völligen Vernichtung. Leo von Klenze, der Hofarchitekt des Königs, gab den Gebäuden eine neue Form, die auf dieser zeitgenössischen Schnupftabaksdose aus Papiermaché dargestellt ist.

zur Zeit von König Max noch zugegangen sein muß. Damals, so schreibt Ludwig Steub, „waren alle Verhältnisse des Orts noch von der primitivsten Art; das schmale Sträßlein, von Vergißmeinnicht umwuchert, lief so direkt am See hin, daß die Räder des Wagens vom Wasser umspült wurden".

Das allerdings sollte sich ziemlich rasch ändern. Von seinem Hofarchitekten Leo von Klenze ließ sich der König die Klostergebäude zu einer Sommerresidenz umbauen, und jeder, der sich heute die langgestreckte Fassade mit ihren klassizistischen Elementen länger betrachtet, mag selbst entscheiden, ob dem späteren Architekten der Münchner Ludwigstraße die Umgestaltung gelungen ist oder nicht. Häufig kritisiert wird, daß Klenze die ehemalige Klosterkirche zu sehr in die Flucht der übrigen Gebäude integriert hat. Zumindest wurde sie nicht, wie noch vom Vorbesitzer von Drechsel geplant, in eine Fabrikhalle umgewandelt, sondern vom volksfreundlichen König Max den Tegernseern als Pfarrkirche zur Verfügung gestellt, was sie auch heute noch ist.

Kaum war aus dem Kloster ein Schloß geworden, zog es auch schon die ersten wohlhabenden Fremden in das soeben von allerhöchster Stelle entdeckte Tal. Staatsrat Ägid von Kobell und der Hofmaler Josef Stieler waren nur die ersten in einer langen Reihe von Prominenten, die sich bis in die heutige Zeit ihr Domizil am Tegernsee gesucht haben.

Kein Wunder, daß sich die Grabinschriften auf dem Friedhof des an seiner Südspitze gelegenen Ortes Rottach-Egern wie ein durch mehrere Epochen reichendes *Who's who* lesen. In einem sonderbaren Gemisch aus eher schlichten, schmiedeeisernen Kreuzen und pompösen Steindenkmälern finden sich neben Adelsfamilien wie Sayn-Wittgenstein und Henckel-Donnersmarck und einem veritablen Lord William Ponsonby, Third Baron Ponsonby of Imokilly, auch so bekannte Künstler wie der 1946 verstorbene Opernsänger Leo Slezak. Direkt nebeneinander ruhen in zwei breiten Gräbern dicht an der Friedhofsmauer die beiden Schriftsteller Ludwig Ganghofer und Ludwig Thoma, die man schon zu ihren Lebzeiten als „Schiller und Goethe in Wadlstrümpfen" bezeichnet hat. Ganghofer, den mit seinem Freund Thoma eine tiefe Liebe zum bayerischen Oberland verband, lebte von 1895 bis zu seinem Tod im Jahre 1920 in Tegernsee und schrieb dort viele seiner über 50 Romane, Erzählungen und Theaterstücke.

1908 zog Ludwig Thoma, der früher bereits in Finsterwald bei Gmund mehrere Sommer am See verbracht hatte, ebenfalls nach Rottach, das damals noch nicht mit dem benachbarten Egern zu einem Doppelort zusammengewachsen war. Die Pläne für sein Haus auf der Tuften, einer Flur am östlichen Ortsrand, die allerdings zur Gemeinde Tegernsee gehört, hatte er bereits 1906 in der Zelle Nummer 71 des Münchner Gefängnisses Stadelheim geschmiedet, wo der aufmüpfige Redakteur der Wochenschrift „Simplicissimus" wegen Beleidigung eines Sittlichkeitsvereins sechs Monate absitzen mußte – Zeit genug, um sich in einem Briefwechsel mit seinem Busenfreund Ignatius Taschner sein „pickfeines Häusl" aufs genaueste auszumalen.

„O du allein selig machender Misthaufen", schwärmte Thoma kurz nach seinem Einzug in einem Brief, „wenn dich nur erst die Kühe pfundweise vermehren, und wenn nur endlich die Hühner auf dir herumkratzen! An deinem Duft will ich gesund mich baden ..." Landwirtschaft – Thoma hatte immerhin drei Kühe und ein Kalb – wird heute auf der Tuften nicht mehr betrieben, und das zu Thomas Lebzeiten noch recht einsam gelegene Grundstück wird mittlerweile von vielen Neubauten bedrängt, die hier in den letzten Jahren wie Pilze aus dem Boden geschossen sind.

Im Haus aber ist fast alles noch genau so, wie Thomas Alleinerbin Maidi von Liebermann es erhalten hat. Die letzte große Liebe des Dichters, die nach dessen Tod noch 50 Jahre auf der Tuften lebte, vermachte das Anwesen der Stadt München mit der Auflage, es als Gedenkstätte an Ludwig Thoma zu erhalten.

Heute kann man es nach telefonischer Voranmeldung besichtigen und jene seltsame Mischung aus städtischen und bäuerlichen Elementen auf sich wirken lassen, die so typisch für Thomas ganzes Leben war. Da ist das Eckzimmer mit seinen eleganten, weißen Biedermeiermöbeln und dem Kristallüster, das Thoma einzig und allein für seine mondäne Frau Marion einrichten ließ, direkt neben der bodenständig-urwüchsigen „Jagerstube“, wo der Dichter so oft mit seinen Freunden um den massiven Ecktisch hockte. Viele aus dem „Simpl“-Kreis kamen hierher, aber auch Michl Dengg und Bertl Schultes vom Bauerntheater in der Gaststätte „Überfahrt“. Wenn durch die Geranien vor dem

Heiß geliebt hat Ludwig Thoma sein Haus auf der Tuften am Tegernsee, das ihm sein Freund, der Bildhauer Ignatius Taschner, entworfen hat. Heute ist das bestens erhaltene Gebäude eine Gedenkstätte an den großen bayerischen Dichter, in der man nach telephonischer Voranmeldung unter anderen Räumen auch Thomas Arbeitszimmer besichtigen kann.

Fenster schräg die Abendsonne hereinscheint und auf die vielen Rehgeweihe und Gamskrickerl an den Wänden fällt, könnte man fast meinen, der Dichter sei nur kurz von seinem Platz an dem gemütlichen Holztisch aufgestanden und hinauf in sein Arbeitszimmer gegangen.

Dort, wo man zwei Stockwerke weiter oben einen herrlichen Blick auf Wallberg und Bodenschneid hat, saß Thoma an seinem Schreibtisch und schrieb mit Stahlfedern in dünne, blaßgrüne Schulhefte, von denen auch jetzt noch ein ganzer Stapel neben dem Tintenfaß liegt. Hier entstanden um 1920 herum die unter einem Pseudonym erschienenen, nationalistisch und antisemitisch gefärbten Beiträge für den „Miesbacher Anzeiger“, in denen der vom Ausgang des Ersten Weltkriegs zutiefst enttäuschte Thoma fast vergessen ließ, was für ein rotzfrecher, gegen jede Form von Obrigkeit aufbegehrender Schreiber er beim „Simplicissimus“ noch gewesen war. Aber auch die berühmte „Heilige Nacht“, eine bayerische Weihnachtsgeschichte in Versen, erblickte hier im Advent des Jahres 1916 das Licht der Welt. Heute wird jedes Jahr vor Weihnachten Thomas gemütvolle Dichtung hier auf der Tuften mit großem Erfolg einem geladenen Publikum vorgelesen.

Das Arbeitszimmer war Thomas Zufluchtsstätte, als das Verhältnis zu seiner Frau Marion, die sich in dem stillen, abseits gelegenen Haus nie richtig wohl fühlte, immer schlechter wurde und er sich 1911 schließlich schweren Herzens von ihr scheiden ließ. Die temperamentvolle, dunkelhäutige Tänzerin mit dem klingenden Künstlernamen Marietta di Rigardo brauchte einfach das Leben und bunte Treiben einer Großstadt, das ihr das ländliche Rottach nicht bieten konnte.

Mittlerweile würde sie das vielleicht ganz anders sehen, denn das heutige Rottach-Egern, längst ein Eldorado für betuchte „Zuagroaste“, strotzt nur so vor vornehmen Modegeschäften, Nightclubs und sündhaft teuren Feinschmeckerrestaurants. Auch der „Gasthof zur Überfahrt“, wo am 12. August 1910 Thomas Erfolgsstück „Erster Klasse“ uraufgeführt wurde, ist längst zum hochfeinen Seehotel mit Sauna und Schönheitsfarm avanciert. Die Möglichkeit zum Überfahren, von der das Haus seinen Namen hat, und die nach wie vor die kürzeste Verbindung hinüber nach Tegernsee darstellt, gibt es heute noch. Auf Wunsch kann man sich in einem Kahn über die engste Stelle des Sees zum Kleinen Paraplui, einem noch unter König Max aufgestellten hölzernen Pavillon, hinüberrudern lassen und so dem Trubel an den Ufern für ein paar besinnliche Augenblicke entfliehen.

Wie in Tegernsee und Bad Wiessee kann man auch in Rottach- Egern die typischen Einfirsthöfe des Tegernseer Tals entdekken, bei denen Scheune, Stall und Wohnhaus unter einem einzigen langen Dach untergebracht sind. Man braucht nur ein

So sah Ludwig Thoma im Jahr 1910 aus, als sein Erfolgsstück „Erster Klasse“ im „Gasthof zur Überfahrt“ in Rottach uraufgeführt wurde.

wenig die Augen offenzuhalten, dann lernt man bald, das Ursprüngliche vom Protzigen, das althergebracht Schlichte vom übermäßig Aufgemotzten zu unterscheiden.
Ganz der großen Welt scheint sich auch Bad Wiessee am Westufer des Sees verschrieben zu haben, das neben seinen Kureinrichtungen auch noch über ein gutbesuchtes Spielcasino verfügt. Noch vor 150 Jahren bestand der Ort lediglich aus ein paar Häusern, zu denen nicht einmal eine eigene Kirche gehörte. Die bekamen die Wiesseer Bürger erst am 11. Oktober 1926, 22 Jahre nachdem sie zu diesem Zweck einen „Kirchenbauverein" gegründet hatten. Bis dahin mußten sie zum Gottesdienst quer über den See zur Tegernseer Klosterkirche rudern. Im Winter, wenn das Wasser zugefroren war, machten sie sich auf Schlittschuhen und sogenannten „Boanaschlitten" mit Kufen aus zugeschliffenen Tierknochen zur Messe auf.
Eine andere Art, den winterlichen See zu überqueren, führte im Jahr 1903 der norwegische Zeichner und Maler Olaf Gulbransson vor, dessen Karikaturen und Porträts man heute in einem nach ihm benannten Museum in Tegernsee bewundern kann. Als der begeisterte Skifahrer in einem Waggon dritter Klasse der Tegernseebahn saß, um seinen „Simpl"-Kollegen und Freund Ludwig Thoma in Finsterwald zu besuchen, fragten ihn die mit im Abteil sitzenden Bauern „Was wolln's denn mit dene Bretter?"
Weil Gulbransson vor lauter Erklären nicht rechtzeitig ausstieg, mußte er mit bis zur Endstation nach Tegernsee fahren. Dort schnallte er flugs seine Skier an, spurtete unter den Augen seiner kopfschüttelnden Mitreisenden los über den nächtlichen See und dürfte damit der erste Langläufer des Tegernseer Tals gewesen sein. Dessen Landschaft ließ ihn übrigens sein ganzes Leben lang nicht mehr los, und so kaufte sich der vierschrötige Naturbursche im Jahr 1929 einen hoch über dem Ort Tegernsee gelegenen Bauernhof. Von der Einstandsfeier dort sprach man im Tal noch lange, denn der exzentrische Gulbransson ließ sich zur allgemeinen Belustigung von den einheimischen Bauernburschen mit voller Wucht immer wieder auf sein massiges Hinterteil schlagen, bis diese vor lauter Schmerzen in den Händen schließlich aufgeben mußten.

An den Naturburschen und sensiblen Zeichner Olaf Gulbransson erinnert in Tegernsee ein Museum mit Werken des norwegischen Künstlers. Der Mitarbeiter des berühmten Satireblatts „Simplicissimus" lebte lange Jahre am Tegernsee.

Doch zurück nach Bad Wiessee, wo sich auf dem Golfplatz die sogenannte Quirinusöl-Kapelle befindet, die 1803 an Stelle eines früheren Holzbaus errichtet wurde. Fast 400 Jahre zuvor, etwa um das Jahr 1430, entdeckte ein Mönch vom gegenüberliegenden Seeufer aus eine golden schimmernde Spur, die sich von einem Punkt am Westufer aus auf der Wasseroberfläche ausbreitete. Der neugierige Klosterbruder ruderte eilends über den See und sah dort, wo heute die kleine Kapelle steht, ein gelbliches Öl aus der Erde quellen.
Unverzüglich nahm Abt Kaspar Ayndorffer die Sache in die Hand und ließ sich vom Apotheker des Klosters bestätigen, daß das „Bergnaphta" genannte Petroleum eine heilende Wirkung habe. „Ein oder mehrere Tropfen in Wein, Wasser oder einem anderen Getränk eingenommen", heißt es in einem im 18. Jahrhundert in der Klosterdruckerei hergestellten Merkblatt, das zusammen mit kleinen Fläschchen dieses angeblich so gesundheitsfördernden Öls verkauft wurde, sollten „wider das Hauptweh, Hauptgeschoß, Hauptdörr, Tob- und fallende Sucht" wahre Wunder wirken. Auch gegen Pest und Cholera wurde es empfohlen, sowie gegen die verschiedensten Viehseuchen.
Nicht nach einem Wunderheilmittel, sondern schlicht und ergreifend nach Erdöl suchte ein Mann namens Adrian Stoop, als er im Jahr 1907 in der Nähe der Quirinusöl-Kapelle einen ersten, hölzernen Bohrturm errichtete. Der holländische Unternehmer wurde auch fündig, und bald beschäftigte er mehr als 60 Arbeiter auf diversen Förderstellen, zu denen auch eine schwimmende „Offshore"-Plattform draußen auf dem See gehörte. Sogar fünf Kilometer Pipeline ließ er nach Gmund verlegen, von wo aus die Tegernseebahn die kostbare Flüssigkeit auf Tankwagen weitertransportierte.
Zwei Jahre später allerdings war der Spuk schon wieder vorbei – die Quellen erwiesen sich als zu unergiebig. Aber Stoop hatte Glück im Unglück, als bei einer Probebohrung auf einmal statt Öl ein schweflig riechendes, bitter schmeckendes Wasser zutage trat. Es war dasselbe Wasser, das noch heute viele Menschen zum Kurieren ihrer Altersleiden, Kreislauferkrankungen und ihres Rheumas nach Bad Wiessee zieht.
Statt des Ölbooms brach alsbald ein Bade- und Tourismusboom in dem einst so geruhsamen Ort aus. Wer heute die dreieinhalb Kilometer lange Seepromenade in der Nähe des modernen Kurzentrums entlangspaziert und den herrlichen Blick übers Wasser nach Tegernsee genießt, wird wohl dankbar sein, daß nicht das eingetreten ist, was ein dichterisch begabter Gast vor mehr als 80 Jahren hier in ein Gästebuch schrieb:

„O Tegernsee, so lieblich blau
im strahlenden Sonnenglanze
wie qualmst du heut so schmutziggrau
und rußig erscheint mir das Ganze.
Ein großer Ölfleck mitten drin
in deinen krystallenen Fluten
und alle Schönheit ist dahin –
das läßt mich Schlimmes vermuten.
Was wurmt denn so in deinem Bauch
wie giftig galliges Fieber, –
und nach Petroleum stinkst du auch
Was ist denn passiert mein Lieber?"

Schon seit langer Zeit treibt man in den Bergregionen des Oberlandes das Vieh im Frühjahr hinauf auf die Almen – zuerst auf die am tiefsten gelegene Voralm, dann auf die Mitteralm und im Spätsommer schließlich, wenn das Gras auch auf den obersten Bergwiesen sprießt, hinauf zur Hochalm. Im Herbst dann kehren die festlich geschmückten und mit Glocken behangenen Tiere – wie hier in Ellmau am Wallberg – beim Almabtrieb wieder zurück ins Tal.

Sie waren noch nicht einmal an ihrem Bestimmungsort, dem Kloster Tegernsee, angelangt, da bewirkten die Gebeine des heiligen Quirinus auch schon ein erstes Wunder: Als die Träger den Sarg des Märtyrers beim Schwaighof, nicht weit vom Kloster, nach einer Rast ein letztes Mal aufhoben, sprudelte dort eine frische Quelle aus dem Boden, deren heilsames Wasser bald gefaßt wurde. Zur Erinnerung errichtete man an der Stelle ein hölzernes Kirchlein, aus dem sich im Lauf der Jahrhunderte die mit reizvollem Barockstuck ausgestattete St.Quirins-Kapelle entwickelte.

Fast in seiner ganzen Länge kann man den Tegernsee von dieser Stelle oberhalb von Bad Wiessee aus überblicken. Wanderungen über sanft ansteigende grüne Wiesen und durch schattig-kühle Waldstücke erfreuen sich bei den Bad Wiesseer Kurgästen großer Beliebtheit. Der „Bauer in der Au", ein stattlicher Hof im nahe gelegenen Söllbachtal, wo sich schon König Max I. bei seinen Bergspaziergängen stärkte, ist leider 1971 abgebrannt. Heute steht hier ein weitaus kleineres Haus, in dem man aber immer noch Brotzeit machen kann.

Die Orte Rottach und Egern, einst verschlafene Bauerndörfer am südlichen Ende des Tegernsees, sind längst zur Doppelgemeinde Rottach-Egern zusammengewachsen, die nur noch vom See aus gesehen so ländlich wirkt wie hier auf dem Photo. Weiter im Ortsinneren mischen sich Luxushotels und mondäne Geschäfte mit alten Bauernhäusern und den Landsitzen und Zweitwohnungen reicher Städter aus allen Teilen der Bundesrepublik.

Nur ein paar Gehminuten außerhalb von Rottach-Egern befindet man sich mitten in der Natur. Von dieser saftigen Wiese aus kann man den Wallberg, den höchsten der Berge rund um den Tegernsee, in seiner vollen Schönheit bewundern.

Tourenmöglichkeiten, soweit das Auge reicht – wer alle Gipfel rund um den Tegernsee ersteigen will, sollte schon etwas Zeit mitbringen. Der 1723 Meter hohe Wallberg, von dem man hier auf den nur elf Meter niedrigeren Setzberg blickt, kann allerdings auch von „Halbschuhtouristen" mit der Seilbahn „bezwungen" werden.

Kurgästen in Bad Wiessee wird es nur selten langweilig – schließlich lädt die Seepromenade nicht nur zu Spaziergängen am Wasser ein, sondern bietet mit einer Anlegestelle der Bayerischen Tegernseeschiffart auch die Gelegenheit, Ausflüge nach Tegernsee und Rottach zu unternehmen. Wer selbst Kapitän spielen will, kann das im gemieteten Elektro- oder Ruderboot tun, und wem nach noch mehr Nervenkitzel zumute ist, der darf ruhig in der nahe gelegenen Spielbank ein paar Mark riskieren.

Im Sonnenlicht hell glitzerndes Wasser, von einem der ersten warmen Lüftchen des Jahres ganz leicht bewegt, dunkelgrüne Berghänge beiderseits vom Boot und direkt vor einem die schroffen, noch schneebedeckten Felsgipfel von Brecherspitz und Jägerkamp unter einem tiefblauen Himmel, auf dem seltsam geformte, „Föhnfische" genannte Wolken stehen: Eine Bootspartie auf dem Schliersee ist gerade im Frühling, vor dem Ansturm der Sommergäste, ein unvergeßliches Landschafts- und Naturerlebnis. Um das Glück perfekt zu machen – so mag sich mancher männliche Kahnfahrer denken – bräuchte man jetzt eigentlich nur noch ein wunderschönes Mädchen, das einen fröhlich singend über den See rudert.

Diesen Wunschtraum konnten sich die Herren erfüllen, die vor gut 170 Jahren gleich scharenweise an das damals nicht ganz einfach zu erreichende Gewässer zwischen Voralpenland und Hochgebirge strömten. Elisabeth hieß sie, die anmutige Tochter des Hoffischers Franz Schrädler, die in den ersten Jahrzehnten des vergangenen Jahrhunderts den jungen Münchner Künstlern gleich reihenweise den Kopf verdrehte. In deren Kreisen war es fast schon ein Muß, hinauf zum Schliersee zu pilgern und sich bei einer Kahnpartie von der schönen „Fischerlisl" etwas vorsingen zu lassen.

Das änderte sich auch nicht, als Elisabeth 1818 den Wirt Johann Baptist Elgraser heiratete und mit ihm im Ort Schliersee eine Gaststätte eröffnete. Maler wie Wilhelm von Kobell, Georg von Dillis und die Brüder Lorenzo und Domenico Quaglio ließen die Wirtsstube der schönen Lisl im Sommer zu einem Künstlertreff werden und verewigten die charmante Gastgeberin auf Zeichnungen und Gemälden. „Man wurde leicht fröhlich und amüsierte sich an Kindereien", erinnert sich der Alpen-Schilderer Heinrich Noë an diese unbeschwerten Tage am Schliersee.

Besonders gut amüsiert haben sich wohl die beiden jungen Künstler Nepomuk Ott und Dietrich Montenhab, die sich nach einer Bootsfahrt mit der holden Fischerin sogleich hinsetzten und ihr auf eine alte, ausrangierte Tür spontan ein neues Wirtshausschild malten. Das heute im Schlierseer Heimatmuseum befindliche Ölgemälde zeigt zwei Männer mit Gitarre und Zeichenbrett in einem Kahn, den eine graziös am Bug sitzende Frau in Schlierseer Tracht über den See steuert. Ob die beiden mit ihrem Wirtshausschild bei der „Donna del Lago", wie sie sie auf dem Bild in überschwenglichem Italienisch bezeichneten, ihre Zeche bezahlt haben, ist nicht überliefert.

Das Gasthaus der schönen Elisabeth gibt es heute noch, auch wenn es seit 1842 nicht mehr „Zur Fischerlisl" sondern „Gasthof zur Post" heißt. Nicht weit davon entfernt, in der Ortsmitte von Schliersee, findet man das „Hotel Gasthaus Terofal", das den Schliersee mindestens ebenso berühmt machte wie die singende Wirtin und Kahnfahrerin.

Hier stand Anfang unseres Jahrhunderts der Gastwirt Xaver Terofal Abend für Abend auf der Bühne und begeisterte mit seinem schauspielerischen Naturtalent ein zum Teil von weither angereistes Publikum. Der Münchner Komiker Konrad Dreher hatte Terofal 1892 als Schuhplattler auf eine Tournee seiner Truppe mitgenommen und den singenden und zitherspielenden Metzger erst auf die Idee gebracht, ein eigenes Theater für sich und andere schauspielbegeisterte Laien zu gründen. In Schliersee fand Terofal schließlich das richtige Umfeld dafür und ließ sich das Nebengebäude des dort von ihm erworbenen Hotels „Seehaus" von dem Münchner Architekten Emanuel Seidl zu einem hochmodernen Theater mit elektrischer Beleuchtung und ausgefeilter Bühnentechnik umbauen. 1902 war es fertiggestellt, und Terofal verwandelte sich allabendlich vom Hotel- in einen Theaterdirektor, der nicht selten auch Hauptdarsteller des dargebotenen Stückes war. Sehr zur Freude der Zuschauer rekrutierten sich auch viele andere Schauspieler an Terofals Bühne aus dem Personal seines Hotels. Wenn der Hausknecht als jugendlicher Liebhaber oder die Köchin als gestrenge Matrone auftraten, tobte der Saal vor Begeisterung. Bald gelangte der Ruhm des „Schlierseer Bauerntheaters" weit über die Grenzen Bayerns hinaus, und die lustige Laienspieltruppe wurde nun zu ausgedehnten Tourneen nach Norddeutschland, Österreich, in die Schweiz und sogar in die USA eingeladen – außerhalb der heimischen Fremdenverkehrssaison, versteht sich. Nach Terofals Tod im Jahr 1940 ging die Leitung des Theaters auf seine Tochter Fanny über, die das traditionsreiche Hotel 1958 schließlich verkaufte. Daß heute hier im Sommer und im Advent wieder die Bühnenscheinwerfer angehen, ist ein Beweis für die ungebrochene Freude der Schlierseer am Bauerntheater und „Kumedi"-Spielen.

Um den See herum frönte man übrigens mit Leidenschaft auch einer anderen „Freizeitbeschäftigung", der Wilderei nämlich, die bei Forstbehörden und Polizei verständlicherweise gar nicht gerne gesehen war. Daß die Schlierseer Gegend jahrhundertelang als eine der Hochburgen dieses in einem schlechten Ruf stehenden Tuns galt, kommt vermutlich daher, daß in dieser abgelegenen Bergregion das Wild länger als anderswo niemandem gehörte – wer es erlegte, durfte es behalten. Erst relativ spät wurde das Vorrecht zur Jagd auf „edles Wild" wie Hirsche, Rehe und Gemsen ein Privileg der meist adeligen Grundbesitzer. Die Bauern hingegen mußten jahrhundertelang ohnmächtig zusehen, wie die vom Adel gehegten Tiere sich auf ihren Feldern satt fraßen, und sie durften sie weder abschießen noch durch Hecken fernhalten.

Kein Wunder also, daß das Wildern weit verbreitet war und die Bevölkerung einem Wildschützen häufig Sympathie und manchmal sogar Verehrung entgegenbrachte. Besonders dann, wenn es einer war, der die königlichen Jäger und ihre Gehilfen an der Nase herumführte und damit der Lächerlichkeit preisgab.

Sogar bis nach Amerika kam das hauptsächlich aus Amateuren bestehende Schlierseer Bauerntheater auf den ausgedehnten Tourneen in seiner Blütezeit. Hier sieht man die berühmte Truppe 1909 in der damaligen Reichshauptstadt Berlin, wo sie auf Einladung von Kaiser Wilhelm II. ein Gastspiel gab.

Der Holzarbeiter Georg Jennerwein aus Agatharied zwischen Miesbach und Hausham verstand dieses Spiel wie kein anderer. Wenn er einem Jäger auf die Frage, woher er denn den prächtigen Gamsbart an seinem Hut habe, die freche Antwort gab: „Siechst, Jager, der wachst halt in meinem Garten“, dann machte das wie ein Lauffeuer überall in der Schlierseer Gegend die Runde. Der „Girgl“, wie er hier genannt wurde, war bald als Spaßvogel, Draufgänger und notorischer Weiberheld überall bekannt. Und ein „blitzsauberer Bursch“ war er dazu, davon kann sich auch heute noch jeder anhand eines bräunlichen, ovalen Fotos auf seinem Grab überzeugen. In zünftiger Tracht steht er stolz und selbstbewußt da, mit einer Spielhahnfeder am Hut, einer doppelläufigen Büchse über der Schulter und einem spitzbübischen Funkeln in den Augen, das erahnen läßt, warum ihm die Frauen gleich in Scharen nachgelaufen sein sollen. Wer weiß, vielleicht stammt von den frischen Blumen, die man fast immer unter Jennerweins Grabkreuz auf dem Friedhof im Schlierseer Ortsteil Westenhofen findet, die eine oder andere von späten Verehrerinnen des feschen Girgl.

Als dieser am Morgen des 6. November 1877 von zu Hause aufbrach, meinten eigentlich alle, er wolle zur großen Leonhardifahrt nach Tölz. In Wirklichkeit aber holte Jennerwein sich heimlich seinen Stutzen und stieg zur verbotenen Gamsjagd in die Berge. Auf dem Peißenberg zwischen Tegernsee und Miesbach – und nicht, wie viele fälschlich meinen, auf dem „Hohen Peißenberg“ bei Weilheim – ereilte ihn sein Schicksal.

Es kam in Gestalt des Jagdgehilfen Josef Pföderl, und es kam von hinten, als Jennerwein sich gerade zur Brotzeit auf einem Baumstumpf niedergelassen hatte. Pföderl, der mit Jennerwein im gemeinsam durchgestandenen Deutsch-Französischen Krieg recht gut ausgekommen war, hatte mit dem Girgl noch eine ganz persönliche Rechnung offen. Der hatte ihm nämlich erst kürzlich das „Gschpusi" ausgespannt, eine schöne Sennerin.

Ein strammer Bursch, ein notorischer Frauenheld und ein berüchtigter Wildschütz obendrein war Georg Jennerwein aus Agatharied bei Schliersee, den im Jahr 1877 auf dem Peißenberg bei Tegernsee im Alter von nur 29 Jahren sein Schicksal ereilte.

Der Jagdgehilfe fackelte nicht lange und streckte den vollkommen ahnungslosen Jennerwein mit einem Schuß in den Rücken nieder. Als dessen Leiche acht Tage später (nicht neun, wie es im Jennerwein-Lied heißt) gefunden wurde, bot sie einen grausigen Anblick: Ein Schuß aus seinem eigenen Gewehr, in dessen Abzugsbügel der große Zeh seines rechten Fußes steckte, hatte Jennerwein fast den halben Kopf weggerissen.
Auch die ein Jahr später in München stattfindende Gerichtsverhandlung konnte nicht ganz klären, was sich an jenem Leonharditag auf dem Peißenberg genau abgespielt hat. Vermutlich aber ist der Jäger Pföderl eine Weile nach der Tat noch einmal auf den Peißenberg gestiegen und hat versucht, mit Jennerweins eigenem Gewehr einen Selbstmord vorzutäuschen, was ihm allerdings wegen der deutlich sichtbaren Schußwunde im Rücken seines Opfers nicht gelang. Direkt bewiesen werden konnte ihm das jedoch nicht, und so wurde er vom Schwurgericht wegen Körperverletzung zu milden acht Monaten Gefängnis verurteilt. Die Empörung der Volksseele über diesen ganz offensichtlich ungesühnten Mord war bestimmt mit dafür verantwortlich, daß sehr bald nach dem Tod des Wildschützen ein regelrechter Jennerwein-Boom einsetzte. Sein Leben und Sterben wurde zum Stoff von Romanen und Theaterstücken und ist noch heute in Gestalt des „Jennerwein-Lieds", das in Bayern jedes Kind kennt, buchstäblich in aller Munde.
So wundert es niemanden, daß immer noch Jahr für Jahr Hunderte zu seinem Grab pilgern, auch wenn nicht alle ihrer Verehrung für den legendären Wildschützen so drastischen Ausdruck verleihen wie ein Unbekannter, der ihm am 6. November 1976 zu seinem 99. Todestag einen frisch geschossenen Gamsbock übers Grabkreuz hängte. Einen gewilderten, versteht sich.
Nur ein paar Schritte von der letzten Ruhestätte des Georg Jennerwein entfernt steht auf dem Westenhofener Friedhof ein Grabstein aus schwarzem Granit, der an eine gänzlich andere, aber deshalb nicht minder ergreifende Tragödie erinnert. Viele werden erst einmal stutzig, wenn sie da in goldenen Lettern lesen, daß der Steiger Hermann Schusterbauer am 6. Januar 1935 „als Opfer seines Berufes" verschieden ist. Ein Bergwerk mit Steigern und Hauern, so denkt man unwillkürlich bei einem Blick über die Friedhofsmauer auf den still dahinter liegenden See und die Berge ringsum, will irgendwie nicht so recht zu dieser idyllischen Gebirgslandschaft passen.

Des Rätsels Lösung findet sich im drei Kilometer nordwestlich gelegenen Hausham, wo am Ortsrand ein Förderturm aus dunkel gewordenem, da und dort schon bröckelndem Beton die Lagerhallen und Werkstätten eines kleinen Industriegebietes überragt. Und er ist nicht das einzige Andenken an die Kohlengrube, die über hundert Jahre lang dem früheren Bauerndorf Hausham den Stempel einer Bergwerksstadt aufgedrückt hat. Überall im Ort sticht einem die ungewöhnliche Mischung aus mehrstöckigen Wohnhäusern für Bergarbeiter und niedrigen Bauernhöfen ins Auge. Ein „Alpengasthof" trägt den eher unälplerischen Namen „Glückauf", und wer zur richtigen Zeit nach Hausham kommt, kann vielleicht sogar einen Auftritt der noch heute bestehenden Bergknappenkapelle miterleben.

Begonnen hat der Bergbau im Oberland bereits 1756, als im etwas weiter nördlich gelegenen Miesbach die ersten Kohlefunde gemacht wurden. 1847 begann man auch in Hausham mit der Probeschürfung, und 20 Jahre später förderte die dortige Grube bereits eine Million Zentner Kohle im Jahr, die mit schweren Pferdegespannen nach Miesbach zur Bahn gefahren werden mußten.

Trotz staatlicher Unterstützung verkaufte sich die oberbayerische Pechkohle – eine durch Gebirgsdruck und Alter veredelte Braunkohle – nicht allzu gut. Weil es für die Haushalte nach wie vor billiger war, mit Holz oder Torf zu heizen, wurde der Brennstoff aus dem Oberland hauptsächlich in den Lokomotiven der Bayerischen Staatsbahn verfeuert oder wanderte über Inn und Donau in die Kessel der österreichischen Donau-Dampfschiffahrts-Gesellschaft. Allen Vermarktungsbemühungen zum Trotz mußte 1911 die letzte Zeche der „Königlich Privilegierten Miesbacher Steinkohlegewerkschaft" schließen. Von diesem Zeitpunkt an konzentrierte sich der Bergbau in der Gegend ausschließlich auf Hausham.

Das ging nicht ohne soziale Spannungen vor sich, denn die vielen aus Böhmen, Italien, Schlesien, der Steiermark und Kärnten zugewanderten Bergleute stellten die Infrastruktur des kleinen Ortes auf eine harte Zerreißprobe. Lange Jahre fehlte es an genügend Läden und sozialen Einrichtungen sowie einem ausreichend großen Krankenhaus. Je mehr aber diese Mißstände im Laufe der Jahre beseitigt wurden, desto besser kamen alteingesessene Haushamer und „Zuagroaste" miteinander aus. Das Bergwerk, das bei seiner Schließung 1966 über 1300 Bergleute arbeitslos machte, hatte sie zu einer Gemeinschaft zusammengeschweißt.

Nicht unerheblich trugen dazu gemeinsam erlittene Schicksalsschläge bei wie der, an den das Grab des Steigers Hermann Schusterbauer auf dem Schlierseer Friedhof erinnert. Dieser fuhr am Dreikönigstag des Jahres 1935 mit einer Mannschaft der „Abbauabteilung Drei" in die Haushamer Grube ein. Um vier Uhr früh ereignete sich dann aus nie ganz geklärten Ursachen eine so gewaltige Schlagwetterexplosion, daß 14 Bergleute dabei leicht und vier schwer verletzt wurden. Den Steiger Hermann Schusterbauer schleuderte die Explosion gegen die Stollenwand; er starb mit zertrümmertem Schädel noch an der Unglücksstelle tief unten im Schacht.

Frische Blumen findet man eigentlich immer am Grab von Georg Jennerwein auf dem Friedhof des Schlierseer Ortsteils Westenhofen, und zu seinem 99. Todestag im Jahr 1976 „schmückten" moderne Nachfahren des berühmten Wildschützen das schmiedeeiserne Grabkreuz ihres Idols mit einem frisch gewilderten Gamsbock.

So abgelegen wie in der ersten Hälfte des 19. Jahrhunderts, als zunächst Maler und Schriftsteller und dann die ersten Touristen begannen, den Schliersee zu entdecken, ist der kleine Bruder des Tegernsees heute nicht mehr. Dennoch hat er sich inmitten der ihn umgebenden Berge, von denen die Brecherspitz mit 1683 Metern der höchste ist, bis heute eine gewisse Intimität bewahrt.

Im Hochsommer quellen die Balkone der Bauernhäuser überall im Oberland fast über von üppig-reichem Blumenschmuck. Wer dann noch rechtzeitig dafür sorgt, daß er genügend „Holz vor der Hütten“ hat, braucht – wie der Besitzer dieses Hauses in Schliersee – auch den strengen Bergwinter nicht zu fürchten.

Das Schlierseer Heimatmuseum befindet sich im über 500 Jahre alten „Schredlhaus", wo im 15. Jahrhundert der Küster und Chorherr Sigmund Schröttel wohnte. Die ursprüngliche Raumeinteilung wurde unverändert beibehalten und bietet einen faszinierenden Einblick in das bäuerliche Leben vor vielen hundert Jahren. Besonders interessant ist die Küche des Hauses, eine sogenannte „Rauchkuchl" mit ihrer offenen Feuerstelle, deren Rauch durch eine Klappe im Dach ins Freie gelangte.

Auf den ersten Blick sieht man es dem reizvoll vor der Kulisse der Schlierseer Berge gelegenen Hausham nicht an, daß es über ein Jahrhundert lang eine Bergwerksstadt war. Von 1847 bis 1966 wurde hier die oberbayerische Pechkohle gefördert, ein Mittelding zwischen Braun- und Steinkohle. Mit der Schließung der zuletzt unrentabel gewordenen Zeche wurden 1300 Bergleute arbeitslos.

Der Irschenberg, knappe 50 Kilometer südöstlich von München an der Autobahn A 8 gelegen, ist Reisenden in Richtung Süden von den allsommerlichen Staudurchsagen im Rundfunk bestens bekannt. Daß er seit alters her als ein magischer Ort gilt, kann man selbst beim Blick durch die Windschutzscheibe erahnen, wenn sich einem am Scheitelpunkt der langen Steigung der vielleicht zauberhafteste Ausblick des Alpenvorlandes bietet. Hier sollte man, wenn es irgendwie geht, die Asphaltpiste für eine halbe Stunde verlassen und zu der etwa einen Kilometer von der Ausfahrt Irschenberg gelegenen Kirche von Wilparting fahren.

Nur ein paar Schritte sind es von dem Gotteshaus mit seinem schlanken Zwiebelturm zu einer von unzähligen Blitzschlägen in mehrere Fragmente zerspaltenen Linde. Auch wenn ihr Alter nicht bekannt ist und wohl schwerlich bis in die vorchristliche Druidenzeit zurückreichen dürfte, kann man unter den hellgrünen Misteln in ihren knorrigen Zweigen durchaus verstehen, warum bereits die Kelten diesen Ort als Baumheiligtum verehrten.

Da ist zunächst einmal der phantastische Blick, der einen für lange Zeit gefangenhält. An klaren Föhntagen sind die bläulichen Gipfel der Schlierseer Berge auch ohne Fernglas so greifbar nahe, als würden ihre Flanken unmittelbar hinter den zu Füßen des Irschenbergs sanft hingebetteten grünen Wiesenhügeln und den dunklen Silhouetten der Nadelwälder nach oben streben.

Man kann es dem irischen Wanderbischof Marinus und seinem Begleiter Anianus leicht nachempfinden, daß sie im 7. Jahrhundert hier ihre Einsiedelei gründeten und ein 40 Jahre dauerndes Missionswerk begannen. Als Marinus am 15. November des Jahres 697 von plündernden Vandalen auf dem Scheiterhaufen verbrannt wurde, starb, so will es die Legende, sein treuer Gefährte Anianus im selben Augenblick in seiner Mönchszelle an Altersschwäche. Kaum waren die Eindringlinge wieder fort, wurde an der Stelle von Marinus' Martyrium eine erste Kirche erbaut, der 1697 der heutige, 1724 noch einmal erneuerte Bau folgte. Er ist ein wunderschönes Beispiel für jene „bodenständige" Form des Barock, wie es sie in dieser heiteren, lichten Ausprägung nur in Oberbayern gibt. Noch heute ist hier der Schädel von Marinus in einem goldenen Reliquiar zu sehen, und mitten im Kirchenschiff befinden sich in einem Sarkophag aus rotem Marmor die weiteren sterblichen Überreste des Heiligen. Eine links vom Hochaltar hängende Glocke soll er sogar einst mit eigener Hand geläutet haben, und davon, daß er und sein Adlatus den Bauern der Umgebung aus vielerlei Not geholfen haben, zeugt eine große Anzahl von Votivtafeln an den Kirchenwänden. Auf ihnen sind auffallend viele von Krankheiten genesene Kühe und Pferde zu sehen.

Kein Zufall, denn dies ist uraltes Bauernland. Wenn man von Irschenberg auf der schmalen, kurvigen Straße nach Miesbach fährt, sieht man zwar keine ackernden Pferde mehr, aber zwischen Wiesen und Waldstücken immer wieder die langgezogenen Dächer stattlicher Bauernhöfe. Wer bei einer der beiden sehenswerten spätgotischen Pfarrkirchen von Agatharied oder Frauenried anhält und über den Friedhof spaziert, bekommt eine Ahnung davon, wie sehr die Menschen hier mit ihrem Grund und Boden verwurzelt sind. Dort nämlich findet sich auf vielen schmiedeeisernen Grabkreuzen neben Vor- und Nachnamen auch der Name des Hofes, von dem der Verstorbene stammte.

Auch die heutige Kreisstadt Miesbach mit ihren behäbigen alten Bürgerhäusern war ursprünglich einmal ein Bauerndorf, das zur Burg „Muespach" der Grafen von Hohenwaldeck gehörte. Den Hohenwaldeckern folgten 1516 die Grafen von Maxlrain, deren Schloß mit seinen vier Ecktürmchen man heute noch sehen kann. Erst als deren männliche Linie 1734 erlosch, fiel Miesbach, zusammen mit dem ebenfalls den Maxlrainern gehörenden Schliersee, an das Kurfürstentum Bayern.

Am 6. Mai 1918 wurde Miesbach von Ludwig III. zur letzten bayerischen Stadt von königlichen Gnaden erhoben – ein halbes Jahr später schon gab es keinen König mehr, der Erste Weltkrieg war zu Ende, und in München wurde die Republik ausgerufen. Von deren turbulenten Geburtswehen war Miesbach unmittelbar betroffen, als im April 1919 der Rätegedanke aus München auf die frischgebackene Kleinstadt übergriff und sich auch hier eine „Räterepublik Miesbach" gründete. Diese allerdings gebärdete sich bei weitem weniger rabiat als ihre große Schwester in der Landeshauptstadt; ihr einziges Opfer war ein Kaufmann, der sich zum Stadthauptmann erklärt und versucht hatte, die „rote Bande" aus Miesbach zu verjagen. Sein Pech war, daß die 30 Regierungssoldaten, die seinen Forderungen hätten Nachdruck verleihen sollen, bereits in die Flucht geschlagen worden waren, als die Miesbacher Roten Garden alle Glocken der Stadt hatten Sturm läuten lassen. Kurz danach war der Spuk vorbei, denn die Rotgardisten flohen vor den nun in größerer Anzahl aus dem „befreiten" München anrückenden Regierungstruppen. Ganze drei Wochen hatte Miesbachs „Spartakl-Wirtschaft", wie sie ein Redakteur des Miesbacher Anzeigers später nannte, gedauert.

Bilder, die die Rätezeit darstellen, findet man bei einem Spaziergang durch Miesbach heute nicht mehr, obwohl auf den unter Denkmalschutz stehenden Fassaden alter Häuser in Lüftlmalerei so manche Szene aus der Geschichte der Stadt dargestellt

ist, darunter eine Wandmalerei an einem behäbigen Haus in der Kirchgasse, die drei ernst blickende Männer zeigt. Einer von ihnen hat eine Laterne, der zweite eine lange Papierrolle und der dritte eine Trompete in der Hand. Über ihren Köpfen ist ein rätselhafter Spruch zu lesen: „Im Namen Kaiser Karls vom Untersberg, der nix Schlechts ko leidn, müaß ma heut wieder Haberfeld treiben."

Diese Inschrift erinnert an einen uralten Brauch, der besonders im 18. und 19. Jahrhundert Staat und Kirche ein ständiger Dorn im Auge war und in Miesbach eines seiner wichtigsten Zentren hatte.

In dunklen Herbstnächten rückten die „Haberer", hauptsächlich ledige Burschen unter 30 Jahren, am liebsten aus und umstellten mit geschwärzten Gesichtern und falschen Bärten aus Roßhaar die Häuser ihrer Opfer. Bei denen handelte es sich anfangs meistens um ledige Mütter oder Mägde, die sich von Bauern hatten schwängern lassen; erst später richtete sich das Treiben der Haberer auch gegen Geizkragen, Betrüger, Wucherer und Meineidige – hauptsächlich also gegen Leute, deren Verfehlungen von einem „ordentlichen" Gericht nicht gesühnt werden konnten.

Nachdem die Burschen mit Kuhglocken, Gewehrschüssen und ohrenbetäubendem Geschrei einen Höllenlärm veranstaltet hatten, verlas beim Schein einer Laterne der „Haberfeldmeister" mit lauter Stimme die Sünden desjenigen, der in „das Haberfeld getrieben" wurde. Ein wenig von der schaurig-derben Stimmung dieser volkstümlichen Rügegerichte kann man bei der Lektüre alter Polizeiakten nachempfinden, in denen auch viele der deftigen Knittelverse aufgezeichnet sind, mit denen die Opfer gerügt wurden. Besonders interessant fanden die Behörden natürlich die Tatsache, daß sich die Teilnehmer des Treibens mit Namen vorstellten – nur leider waren es nicht ihre eigenen, sondern die von Pfarrern, Richtern, Bürgermeistern und anderen angesehenen Persönlichkeiten.

So, wie es der Künstler hier darstellte, hat es sich wohl nie abgespielt, das berüchtigte Haberfeldtreiben, ein bis Ende letzten Jahrhunderts besonders in der Gegend um Miesbach verbreitetes Femegericht. Aber auch wenn die „Getriebenen" in Wirklichkeit nie vor ihr Haus traten, so jagten ihnen die vermummten Haberer mit viel Radau und respektlosen Versen doch einen gehörigen Schrecken ein.

Auch Kaiser Karl der Große, der der Sage nach seit seinem Tod im Jahr 814 im Untersberg in den Salzburger Kalkalpen sitzen soll, wurde gerne als Anführer der Haberer genannt – wie wir ja an der Miesbacher Hauswand bereits gesehen haben. Fast immer war auch angeblich jener Herr dabei, den ein in den Akten der Miesbacher Polizei aus dem Jahr 1827 festgehaltener Spruch folgendermaßen beschreibt:

„Einer ist dabei,
den thun wir nicht kennen,
Geisfüß hat er zwei,
Wie möcht er sich wohl nennen?
Ich bild mir's schon ein, –
der Teufel muß' seyn!"

Davon, daß die Delinquenten, wie in Romanen und auf Bildern immer wieder dargestellt, aus ihren Häusern gezerrt, auf den Misthaufen gestellt oder im Nachthemd und mit bloßen Füßen durch ein abgeerntetes Feld getrieben wurden, ist in den Polizeiberichten allerdings nichts zu finden. Wohl aber gibt es Belege dafür, daß die Haberer, wenn sie bei ihrem Tun gestört wurden, ausgesprochen rabiat werden konnten.

Auch Mitglieder des bayerischen Königshauses ließen sich bisweilen – wie hier auf dem Photo von 1908 – einen Besuch der Wallfahrtskirche Birkenstein nicht nehmen. Während die meisten anderen Pilger zu Fuß kamen, fuhren die hohen Herrschaften vierspännig vor.

Beim letzten Haberfeldtreiben in Miesbach, das in der Nacht vom 7. auf den 8. Oktober 1893 dem Pfarrer Strähuber, dem Druckereibesitzer Mayr und anderer örtlicher Prominenz gelten sollte, kam es sogar zu einer regelrechten Schlacht zwischen Haberern und Gendarmerie, bei der drei Treiber und ein Polizist verwundet wurden. Als die „Schandis", denen das Treiben in einem anonymen Brief angekündigt worden war, nach einem heftigen Schußwechsel den Versammlungsplatz der Haberer stürmten, fanden sie dort, wie in den Akten genauestens vermerkt ist, einen alten Hut, Patronenhülsen, Papierpfropfen sowie Bierfässer diverser Brauereien, aus denen sich die Haberer gestärkt hatten. Von ihnen selbst allerdings fehlte jede Spur. Es kostete die Behörden drei ganze Jahre mühseliger Untersuchungsarbeit, bis sie schließlich gegen 89 Beteiligte Anklage wegen Landfriedensbruchs erheben konnten. Viel schlimmer als die ausgesprochenen Strafen – die zwischen einem Monat und vier Jahren Gefängnis lagen – traf manche der Haberfeldtreiber allerdings der Kirchenbann, den der Erzbischof von München bereits 1866 gegen alle, „die als Anstifter und Teilnehmer des Haberfeldtreibens in Frage kamen", ausgesprochen hatte. Bezeichnenderweise wurde dieser Bann am 17. November, also bald nach dem letzten Miesbacher Haberfeldtreiben, erneuert. Obwohl die Haberer es mit Vorliebe anprangerten, wenn ein Pfarrer die Finger nicht von seiner Köchin lassen konnte, waren die meisten von ihnen sehr religiös. Das sieht man daran, daß sie schon kurz nach der ersten Verhängung des Kirchenbanns bei einem Treiben folgende, fast schon flehende Verse verlasen: „An Erzbischof von Münka (München) und Freising kinnts uns a no schön grüaß'n / Er sollt uns Haberer doch net vo da Kirch' ausschliaß'n!"

Von derselben tiefverwurzelten Volksfrömmigkeit, die hier ein geradezu rührendes Element in die sonst alles andere als zimperlichen Habererverse einfließen ließ, zeugen auch die vielen kleinen Flurkapellen, wie sie im Oberland allenthalben zu sehen sind. Einige der schönsten findet man im teils dramatisch dunklen, teils freundlich lieblichen Leitzachtal auf dem Weg von Miesbach nach Fischbachau. Unbekannte Hände stellen dort Kerzen oder frische Blumen vor die Bilder und Statuen, die fast immer die Muttergottes darstellen, die „Patrona Bavariae", die hier besonders verehrt wird.

Schließlich befindet sich Birkenstein, einer der seit gut 300 Jahren beliebtesten Marienwallfahrtsorte in ganz Bayern,

Wie in einer Höhle aus purem Gold fühlt sich der Besucher des engen Andachtsraums der Kirche von Birkenstein. Die prunkvolle Statue der Muttergottes bildet den Mittelpunkt einer der noch heute beliebtesten Marienwallfahrten in ganz Bayern.

nicht weit von hier. Auf dem Weg dorthin kommt man im Leitzachtal immer wieder an wahren Prachtexemplaren von echten Oberländer Bauernhäusern vorbei – so etwa am Wiedenhof bei Wörnsmühl, den die Schlierseer Brüder Böham mit anmutigen Lüftlmalereien verziert haben. Unwillkürlich muß man bei diesen stattlichen, oft von Obstbäumen umstandenen Höfen an die Bauersleute, Knechte und Mägde vergangener Jahrhunderte denken, für die Wallfahrten oft die einzige Möglichkeit waren, ihrem harten Alltag für eine gewisse Zeit zu entfliehen.

Auf den letzten paar Metern des steilen Weges hinauf zum kleinen holzgedeckten Kirchlein am Birkenstein bekommt auch der heutige, mit dem Auto angereiste Besucher eine leise Ahnung davon, welche Erwartungen an den heiligen Ort die Wallfahrer von einst während ihres anstrengenden, meist mehrtägigen Fußmarsches wohl aufgebaut haben mochten.

Wenn sie dann im ersten Stock der Kirche den winzigen Andachtsraum betraten, der auf schmalen Holzbänken höchstens zwei Dutzend Gläubigen Platz bietet, wurden sie sicherlich nicht enttäuscht. Auch wir heutigen, tagtäglich mit einer Flut von Bildern konfrontierten Besucher können uns der schimmernden Magie dieses Ortes kaum entziehen, der einen im ersten Augenblick glauben läßt, man habe eine Höhle aus purem Gold betreten. Erst nach einer Weile nimmt man Einzelheiten wahr: Heilige, Engel, Wolken und Sonnenstrahlen in matt glänzendem Gold. Den Mittelpunkt all der Pracht bildet eine milde lächelnde Statue der Muttergottes, die schon auf den jungen Bauernburschen Mathias Bichler in Lena Christs gleichnamigem Roman einen Eindruck machte, den er nie mehr vergessen sollte:

„Heißa! Riß ich die Augen auf! In einem magischen roten Licht, umgeben von goldgeflügelten Cherubinen und kleinen Engeln, die auf rosenrot leuchtenden Wolken schwebten, stand die Mutter mit dem Kind. Beide trugen goldene, steingeschmückte Kronen und reichverzierte Prunkmäntel; insbesonderheit der schwere, weitausgebreitete Purpurmantel unserer lieben Frau erregte in mir Staunen und Verwunderung. Das Bild schien mir zu schweben, und bei dem unsteten Schein der vielen Kerzen glaubte ich fast, es lebe ..."

Maibäume, wie dieser in Miesbach, gehören zu Oberbayern wie Brezen und Bier. Bevor das gute Stück aufgestellt werden kann, muß es scharf bewacht werden, denn waghalsige Burschen aus den Nachbargemeinden würden es nur zu gerne stehlen und erst gegen ein stattliches, meist in Fässern Bier zu zahlendes Lösegeld wieder herausrücken.

Noch viel lebendiger kam das Madonnenbildnis vermutlich dem Fischbachauer Pfarrvikar Johann Mair vor, der an einem schönen Sommertag des Jahres 1663 beim Lesen seines Breviers hier auf dem Birkenstein eingeschlafen war. Die Muttergottes, die damals noch ihren Platz in der Fischbachauer Pfarrkirche St. Martin hatte, erklärte dem frommen Mann in einem Traum, daß sie viel lieber hier oben in der Natur, neben einem munter aus dem Fels plätschernden Gebirgsbächlein angebetet werden wolle. Der Wunsch der Himmelskönigin war Mair Befehl, aber es dauerte noch zehn Jahre, bis die spätgotische Muttergottesfigur in ihr erstes Kirchlein am Fuß des Breitensteins umziehen konnte. Als dieses für die alsbald in großen Scharen herbeiströmenden Pilger zu klein wurde, entstand 1710 nach dem Vorbild der Santa Casa von Loreto der noch heute existierende, doppelstöckige Bau, der 1760 seine reich vergoldete Rokokoausstattung erhielt.

Wenn alljährlich an Mariä Himmelfahrt die Gläubigen der traditionellen Trachtenwallfahrt vor der Kirche andächtig einer Messe unter freiem Himmel beiwohnen und der Pfarrer aus einer am Stamm einer großen Birke befestigten Kanzel die Predigt liest, kann man sehr gut verstehen, warum sich die Muttergottes dieses schöne Plätzchen und kein anderes ausgesucht hat.

Die Miesbacher Tracht, die manchem als der Inbegriff des bayerischen „Gwands" gilt, ist kein museales Überbleibsel aus früherer Zeit, sondern wird bis heute von vielen Leuten gerne getragen.

Der irische Wanderbischof Marinus wußte schon, warum er im 7. Jahrhundert seine Einsiedelei ausgerechnet an dem Ort begründete, wo heute die nach ihm benannte St. Marinus-Kirche steht. Schließlich hat man von dieser Stelle in der Nähe von Irschenberg an klaren Tagen einen atemberaubend schönen Ausblick auf die auch im Frühjahr noch schneebedeckten Gipfel der Schlierseer Berge.

Der Legende nach soll der Ritter Georg von Waldeck im 15. Jahrhundert als Dank für die glückliche Heimkehr aus türkischer Gefangenschaft drei Kirchen gestiftet haben: in Georgenried in der Nähe von Gmund am Tegernsee, in Agatharied südwestlich und in Frauenried nordöstlich von Miesbach. Die hier abgebildete Kirche von Frauenried wurde im 18. Jahrhundert barockisiert, hat aber noch einige spätgotische Elemente aufzuweisen wie die Madonnenstatue im Hochaltar.

Erasmus Grasser, der in München die weltberühmten, grotesk verdrehten Figuren der Moriskentänzer geschaffen hat, schnitzte auch den Hochaltar für die spätgotische Kirche St. Leonhard des zwischen Mangfall und Seehamer See gelegenen Ortes Reichersdorf. Ein paar Figuren davon haben neben einem Altaraufsatz aus der Hand desselben Künstlers die Barockisierung des Innenraumes überdauert.

Sollte in früheren Zeiten eine Bauerstochter unter die Haube kommen, kam es weniger auf die Schönheit der Braut an als darauf, daß sie eine reiche Aussteuer mit in die Ehe brachte. Die einzelnen Gegenstände dafür sammelten die Mädchen über Jahre in einem sogenannten „Brautschrank", von dem ein besonders prachtvolles Exemplar im Miesbacher Heimatmuseum zu bewundern ist. Nach der Hochzeit dann begleitete der schön bemalte Schrank mitsamt der kunstvoll gefalteten Tisch- und Bettwäsche und vielen anderen nützlichen und wertvollen Dingen die junge Frau in ihr neues Heim.

IHS

Als „Vischpachisowa“ (Aue am fischreichen Bach) wurde die Ortschaft Fischbachau im Leitzachtal 1085 das erste Mal urkundlich erwähnt. Heute ist sie nicht nur wegen der ehemaligen Klosterkirche St. Martin und der noch älteren Kirche Maria Schutz mit der um 1500 entstandenen „Schutzmantelmadonna“ bekannt, sondern auch wegen der „Fischbachauer Sängerinnen“, die seit vielen Jahren mit zu den bekanntesten Interpretinnen unverfälschter bayerischer Volksmusik gehören.

Ein wahres Schmuckstück ist der Jodlbauernhof bei Hagnberg, drei Kilometer südlich von Fischbachau. Das mit phantasievoller Lüftlmalerei geschmückte Haus aus dem 18. Jahrhundert gehört zu den für das Oberland typischen Einfirsthöfen, bei denen sich Wohnhaus, Scheune und Stallgebäude unter einem einzigen, langgestreckten Dach befinden.

Anno 1922 wurde es in einem Zeitungsartikel angeblich gelüftet, das Geheimnis um den Tatzelwurm, ein sagenumwobenes Untier aus den bayerischen Alpen: Eine aus der Urzeit übriggebliebene Riesenechse sei er und habe in den entlegensten Bergtälern der Alpen in wenigen Exemplaren bis in unser Jahrhundert überlebt. Nicht uninteressant, das laut Beschreibung eines in besagtem Artikel erwähnten Augenzeugen etwa einen Meter lange, putzige Tier mit seinem breiten Maul, den großen Ohren, dem gezackten Rückenpanzer und den „ausgedrehten Dackelbeinen", das leider bis heute nicht fotografisch festgehalten werden konnte – nur den echten Tatzelwurm, den Drachen der bayerischen Volkssage, stellt man sich doch ein bißchen anders vor. Von ihm weiß man schließlich, daß er feuerspeiend in den Bergen rund um den Wendelstein Angst und Schrecken verbreitet haben soll. Wer's nicht glaubt, braucht nur das farbenfrohe Wirtshausschild am „Hotel feuriger Tatzlwurm" zu betrachten, einem beliebten Ausflugslokal an der Deutschen Alpenstraße zwischen Bayrischzell und Oberaudorf.

In einer nur ein paar Gehminuten von diesem alten Wirtshaus entfernten Schlucht hätte das Fabelwesen vor Urzeiten durchaus zu Hause gewesen sein können. Hier, wo das Sonnenlicht kaum noch durch die Wipfel mächtiger Fichten dringt, tost weißschäumendes Wasser nach einem Fall von 70 Metern durch mehrere glattgeschliffene Felsbecken. Moose, Farne und ein paar Nadelgehölze wachsen an den grauen Schluchtwänden empor, über die sich hoch oben eine schmale Brücke spannt.

Bereits die Pioniere des alpinen Bergsteigens zog dieses reizvolle Fleckchen Erde in solchen Scharen an, daß der schon mehrfach erwähnte Alpenfreund Ludwig Steub 1848 einen Bauern namens Simon Schweinsteiger dazu überredete, seine Alm im nahen Auerbachtal zu einer richtigen Gastwirtschaft auszubauen. Leider spielten die zuständigen Behörden in Rosenheim da nicht mit und mutmaßten, dem Gesuchsteller, der schon lange Bergsteiger mit Buttermilch bewirtete, sei es „nicht so sehr um die Bewirtung der Fremden zu tun, sondern vielmehr darum, Gesindel anzulocken, das ohne Aufsicht der Unsittlichkeit fröne, wozu jene Almhütte so geeignet sey".

In seiner Not wandte sich Schweinsteiger am „10. abril 1850" in einem orthographisch köstlichen Brief an seinen Freund Steub, wo er unter anderem schrieb: „Ich bin in großer Verlegenheit, die Reisenden komen teglich vom Gebirg und alles fragt nach einem Trunk Bier nach."

Auch Steub konnte nicht verhindern, daß die durstigen Wanderer noch 13 lange Jahre warten mußten, bis endlich am 15. August des Jahres 1863 im neuerbauten Wirtshaus „Zum feurigen Tatzlwurm" das erste Faß angestochen werden konnte. Dort hängen in der gemütlichen Stube, die sich seitdem kaum verändert hat, noch immer an den holzgetäfelten Wänden neben einem großen Kachelofen die Porträts der vielen Künstler, die sich hier in den folgenden Jahren ein Stelldichein gaben. Es waren Maler wie Carl Spitzweg, Wilhelm Leibl und August Vischer, von denen letzterer zur Einweihungsfeier das von ihm eigenhändig gemalte Wirtshausschild mit dem feuerspeienden Tatzelwurm mitbrachte. Der Dichter Viktor von Scheffel schrieb zu diesem Anlaß sein „Gedicht vom Tatzelwurm", und Ludwig Steub fiel angesichts der Tatsache, daß der Wirt Schweinsteiger sein neues Gasthaus etliche Höhenmeter oberhalb seiner alten Alm erbaut hatte, der folgende Schüttelreim ein: „Wenn Schweine steigen, müssen die Steine schweigen."

Könnten sie reden, die Steine, dann hätte der ein paar Kilometer weiter westlich gelegene Wendelstein bestimmt eine ganze Menge zu erzählen. Als „Bergpersönlichkeit" bezeichnen die Geologen den 1838 Meter hohen, aus zwölf verschiedenen erdgeschichtlichen Formationen aufgebauten Gebirgsstock, den man in der 1864 entdeckten und seit 1921 der Öffentlichkeit zugänglichen Wendelsteinhöhle sogar ein wenig von innen erkunden kann.

„Herrlich! Herrlich! Herrlich!" schrieb Lorenz von Westenrieder 1780 über die Aussicht vom Gipfel des Wendelsteins. „Nie saß ein König auf einem prächtigeren Thron als ich hier sitze und weit in Gottes Welt herumschaue." Der Münchner Historiker und Bergfreund gilt als der Erstbesteiger des Wendelsteins, obwohl vor ihm bereits Bauern auf der Suche nach verirrtem Vieh den unvergleichlichen Blick von diesem einsam aus niedrigeren Bergen aufragenden Gipfel genossen haben dürften. Die Zugspitze sieht man von hier aus ebensogut wie Großglockner und Großvenediger, das Karwendelgebirge und die Allgäuer Alpen. Ob Watzmann, Untersberg, Hochkönig und das Steinerne Meer oder Städte wie Rosenheim, Aibling und München mit seinen Kirchtürmen: An klaren Tagen ist der Rundblick atemberaubend.

Im Jahr 1855, als König Max II. sich auf einer fünfwöchigen Wanderung durch Südbayern auch eine Besteigung des Wendelsteins nicht nehmen ließ, kam tatsächlich ein echter Monarch in den Genuß dieser von Westenrieder nicht zu Unrecht als

Als am 15. Juni des Jahres 1883 das Wendelsteinhaus als einer der ersten Berggasthöfe Bayerns eröffnet wurde, galt das noch als Sensation. Heute erreicht man den 1840 Meter hohen Aussichtsberg ganz selbstverständlich und bequem über eine Seil- und eine Zahnradbahn.

majestätisch gepriesenen Aussicht. Der Abstieg des tief beeindruckten Königs ins Tal gestaltete sich übrigens zu einem wahren Volksfest, wie Friedrich Bodenstedt aus seinem Gefolge berichtet: „Der ganze Berg schien wie belebt; es jauchzte und jodelte von allen Seiten, aber nicht wild durcheinander, sondern immer wie Gruß und Gegengruß. Was uns von den Burschen, die sich oben auch einen guten Tag gemacht hatten, zu Augen kam, ging nicht, sondern tanzte jubelnd den Berg hinunter."

Heute ist der Wendelstein das ganze Jahr über belebt, wenn auch auf eine etwas weniger beschwingte Art und Weise. Schon seit 1912 gelangen „Gipfelstürmer", die einen langen und schweißtreibenden Aufstieg scheuen, von Brannenburg aus mit der ersten elektrisch betriebenen Zahnradbahn Deutschlands auf den beliebten Aussichtsberg. 1969 gesellte sich ihr eine moderne Kabinenseilbahn hinzu, die von Osterhofen aus Jahr für Jahr Tausende von Besuchern hinauf in die ganz und gar nicht mehr stille Bergwelt transportiert. Denn mittlerweile ist der Platz auf dem Gipfel des Wendelsteins schon ziemlich knapp geworden, den sich das 1883 errichtete Wendelsteinhaus und ein sechs Jahre später fertiggestelltes Kirchlein nun mit einem Hotel, einem Sendemast des Bayerischen Rundfunks, einer Wetterstation und einem Sonnenobservatorium teilen müssen.

Der Ort Bayrischzell am Fuß des Berges hat von der zunehmenden Beliebtheit des Wendelsteins in den vergangenen 150 Jahren kräftig profitiert. Früher ging es im verwunschen wirkenden, von mächtigen Bergen eingeschlossenen Oberen Leitzachtal eher ruhig zu. Nur ein paar weit verstreute Höfe und eine kleine Kirche gab es hier, wo es die Mönche eines 1076 gegründeten Klosters nur ganze neun Jahre aushielten, bevor sie sich ins klimatisch günstiger gelegene Fischbachau flüchteten.

Den Zusatz „Bayrisch-" erhielt „die Zell", wie der kleine Ort wegen einer schon vor dem Kloster dort existierenden Einsiedlerzelle genannt wurde, übrigens erst um die Mitte des 19. Jahrhunderts – ein erstes Anzeichen dafür, daß man hier sein Heil im Tourismus suchte, der bald darauf einen ersten „Boom" erleben sollte. Schon früh setzte Bayrischzell auch auf den sich Anfang unseres Jahrhunderts langsam entwickelnden Skisport, dem man – genügend Schnee vorausgesetzt – auf den bestens erschlossenen Abfahrten am nahen Sudelfeld noch immer nach Herzenslust frönen kann.

Mit den vielen Fremden kamen aber nicht nur gutes Geld, sondern auch ein gänzlich anderer Lebensstil in die früher so abgeschiedenen Gebirgstäler. Als die Einheimischen sich immer mehr modische „Städterkleidung" zulegten und die althergebrachten Gebirgstrachten für immer zu verschwinden drohten, gründete der junge Dorfschullehrer Joseph Vogl in Bayrischzell am 25. August 1883 den „Verein zur Erhaltung der Volkstracht im Leitzachthale". Dessen erste Aktion bestand darin, daß sich Lehrer Vogl und fünf junge Burschen kurze Lederhosen schneidern ließen und demonstrativ in der Öffentlichkeit trugen. Obwohl der Gemeindepfarrer, dem die Tracht seiner Väter offensichtlich schon ziemlich fremd geworden war, in einer Predigt die nackten Knie als eine „Schweinerei" bezeichnete, erhielt Vogls Verein regen Zulauf. Auch andernorts machte seine Idee Schule, und bald schossen in ganz Bayern die „T.E.V."s, die Trachtenerhaltungsvereine, nur so aus dem Boden. Übrigens sollte man diese von den Vereinen gepflegte und um Stilreinheit bemühte Tracht nicht mit der heute landauf, landab verkauften Trachtenmode verwechseln. Der Lehrer Vogl jedenfalls würde sich vermutlich im Grab umdrehen, könnte er die stillosen „Raiffeisensmokings" sehen, in denen sich durchaus auch ranghohe Politiker des Freistaats bisweilen in der Öffentlichkeit zeigen.

Was den Bayrischzellern das Sudelfeld und den Lenggriesern das Brauneck, ist den Schlierseern und Fischbachauern der Spitzing, der auch bei den Münchnern als sehr beliebtes Skigebiet gilt. Man erreicht es über eine gewagt trassierte, 1937 angelegte Bergstraße, die aber erst 1952 bis zu ihrem heutigen Endpunkt verlängert wurde. Auch im Sommer lassen sich hier, an den Ufern des Spitzingsees, in dessen dunkelgrünem Wasser sich der scharfkantige Kegel der Brecherspitz und der 1692 Meter hohe Taubenstein spiegeln, herrliche Wanderungen unternehmen. Kaum ist aber der erste Schnee gefallen, füllen sich die Parkplätze am zugefrorenen See und um die Talstation der Taubensteinbahn mit den Blechkarossen der Skifahrer.

Heute wird im Wildbad Kreuth – hier auf einem Stich um 1835 – nicht mehr gekurt, sondern hin und wieder Politik gemacht. Seit 1973 die CSU-nahe Hanns-Seidel-Stiftung die Gebäude des alten königlichen Bades gepachtet hat, ziehen sich christlich-soziale Politiker hier gerne zu Klausurtagungen zurück.

Dieser Ansturm von Wintersportlern, der dem Spitzinggebiet nach dem Krieg eine ganze Reihe klotziger Hotelbauten beschert hat, die sich nicht so recht in die Berglandschaft einfügen wollen, begann eigentlich ganz harmlos. Im Jahr 1890 rutschte der skinärrische Münchner Buchhändler Finsterlin mit seinen damals noch „Schneeschuh“ genannten, aus Finnland importierten Brettern noch ganz allein zum erstenmal von der Firstalm am Nordhang des Stümpflings hinunter zum See; 40 Jahre später war es schon eine ganze Faschingsgesellschaft, die zu der damals noch nicht von Liften erschlossenen Alm aufstieg und mit großem Hallo maskiert zu Tal fuhr. Der „Firstalmfasching“ war geboren, eine Gaudi auf Skiern, bei der auch heute noch phantasievoll verkleidete Brettlartisten mit trickskireifen Verrenkungen die Hänge unsicher machen – sehr zur Freude der vielen Zuschauer, die extra zu diesem Ereignis Jahr für Jahr herauf zum Spitzingsee kommen.

Kein Faschingsscherz, obwohl acht Tage nach Beginn der närrischen Zeit am 19. November 1976 verkündet, war hingegen die von Franz Josef Strauß betriebene Auflösung der Fraktionsgemeinschaft zwischen CSU und CDU im Deutschen Bundestag. Die bayerischen Abgeordneten der Union hatten sich nach der verlorenen Wahl, bei der die damals regierende Koalition von SPD und FDP für eine weitere Legislaturperiode bestätigt worden war, in die Berge am Südende des Tegernsees zurückgezogen und dort in einer Klausurtagung mit 30 zu 18 Stimmen die Trennung von der Schwesterpartei beschlossen. Mit diesem spektakulären, bereits am 12. Dezember aber wieder zurückgenommenen Schritt war der „Geist von Wildbad Kreuth“ urplötzlich in aller Munde.

Im Gegensatz zu diesem Gespenst, das CDU-Politikern noch lange Zeit Magendrücken bereiten sollte, war der Geist, der zuvor für lange Jahre in dem verträumten Tal oberhalb des Dorfes Kreuth geweht hatte, ein heilender gewesen. 1818 erwarb König Max I. Joseph, der ein Jahr zuvor schon die Klostergebäude in Tegernsee gekauft hatte, hier von den Mönchen eine

Heilquelle, deren wohltuende Wirkung diese schon seit einem halben Jahrhundert zu schätzen wußten.

„Ich tue in Tegernsee soviel für mein Vergnügen, ich will auch hier etwas für die leidende Menschheit tun“, soll der König gesagt haben, als er den Um- und Ausbau des damals recht heruntergekommenen Klosterbades beschloß. Und damit die Linderung mannigfacher Leiden nicht nur den Wohlhabenden vorbehalten blieb, rief er kurz vor seinem Tod eine „Armenbad-Stiftung“ ins Leben, die auch weniger betuchten Bevölkerungsschichten einen Besuch im neuen Wildbad Kreuth ermöglichte.

Die langgestreckten, gelbgestrichenen Gebäude, die sich so harmonisch in den auf 829 Meter Höhe gelegenen Talkessel einfügen, entstanden zwischen 1820 und 1825. Das Prunkstück des Ensembles ist die hölzerne Wandelhalle mit ihren schlanken Säulen und zwei Marmorbrünnchen, aus denen heute allerdings kein Heilwasser mehr sprudelt. Seit 1973 gibt es im Wildbad Kreuth keinen Badebetrieb mehr, und wenn die CSU-nahe Hanns-Seidel-Stiftung die von ihr gepachteten und tadellos in Schuß gehaltenen altehrwürdigen Gebäude nicht gerade für eine Veranstaltung benötigt, herrscht hier wohltuende Ruhe – wenn man von den Wochenendwanderern einmal absieht, die von hier aus Touren auf den Schildenstein oder in die Blauberge an der Grenze nach Tirol unternehmen.

Ganz anders ging es hier noch zu, als das königliche Bad beim europäischen Hochadel der letzte Schrei war. Im Juli 1837 beehrten sogar – unter strengsten Sicherheitsvorkehrungen, versteht sich – der russische Zar Nikolaus I. und seine Gattin Alexandra die Kuranstalt mit ihrem Besuch. Allerdings kamen sie weniger ihrer Gesundheit zuliebe in die bayerischen Berge als vielmehr wegen der guten Gelegenheit, hier die Vermählung ihrer Tochter Maria mit dem Herzog Maximilian von Leuchtenberg einzufädeln.

Viele andere aber nahmen die gut achtstündige Postkutschenreise von München wegen der vielgepriesenen Schwefel-, Sole- und Dampfbäder auf sich. Auch die 1822 eingeführte Molkenkur – für 18 Kreuzer pro Tag durfte der Gast so viel frische Ziegenmolke trinken wie er wollte – erfreute sich so großer Beliebtheit, daß die extra dafür auf der nahen Geiß-Alm gehaltenen königlichen Ziegenherden mit der Zeit immer größer wurden. Darüber hinaus verabreichte man noch frisch gepreßte Pflanzensäfte – die Unze für sechs

Der 1960 verstorbene „Kiem Pauli“, der in jungen Jahren als Musikant und Coupletsänger auftrat, gilt als der große Bewahrer der bayerischen Volksmusik. Von dem Liedgut, das er in den zwanziger und dreißiger Jahren sammelte, zehren bis heute Generationen von Volksmusikanten.

Kreuzer –, und ganz Verschwenderische konnten sich für drei Kreuzer pro Liter ein Molkenbad anrichten lassen.
Bei manchen Gästen kam es allerdings auch vor, daß die Kur nicht anschlagen wollte, wie Carl von Krempelhuber in seinem 1854 erschienenen „Reiseführer für den Tegernsee und seine Umgebung" betrübt zugeben muß, wenn es in seiner Beschreibung des unterhalb des Wildbades gelegenen Pfarrdorfs Kreuth heißt: „Der Ort besitzt eine hübsche, auf einem Hügel liegende Kirche mit dem Friedhofe, welcher auch die Ruhestätte jener Badegäste enthält, die Kreuths segenreiche Quelle nicht vor der gebieterischen Forderung des ernsten Genius zu retten vermochte."
Im September 1960 wurde auf diesem Friedhof auch der Kiem Pauli, der große Bewahrer der bayerischen Volksmusik, zu Grabe getragen. Als sein Sarg in die Erde gelassen wurde, befand sich unter den Trauergästen auch Ludwig Wilhelm, Herzog von Bayern. Ludwig Thoma, ein Freund des Herzogs, hatte ihn 1910 mit dem damals noch als Coupletsänger auftretenden Paul Kiem bekannt gemacht. Der Herzog, ein begeisterter Freund der Volksmusik, erinnerte sich später an diese Begegnung in Weißbach, das heute ein Ortsteil von Rottach- Egern ist: „Der fangt an, er wird immer schneller, er glangt nunter bis ans Schalloch und nauf bis an die Schrauben, spielt nach der alten Münchner Schul mit fünf Finger am Griffbrett und fahrt mitn linken Ellbogen rund um und um, daß mir ganz schwindli worn ist und daß i schnell weggruckt bin, daß er mein Nasn net derwischt. Aber gspielt hat er wunderschön ..."
Von da an nahm der Herzog den Kiem Pauli unter seine Fittiche und sorgte 1924 dafür, daß er in Wildbad Kreuth wohnen und sich ganz auf eine Aufgabe konzentrieren konnte, zu der ihn Ludwig Thoma angeregt hatte und die ihn bis weit über die Grenzen Bayerns hinaus bekannt machen sollte. 1927 schwang er sich, die zusammenlegbare Zither im Rucksack, zum ersten Mal aufs Fahrrad und suchte Sänger und Musikanten auf, deren Musik bisher noch niemand aufgezeichnet hatte. In seinem Liederbuch „Oberbayerische Volkslieder mit Bildern und Weisen" gab er zusammen mit dem Musikwissenschaftler Professor Kurt Huber (der als Mitglied der Widerstandsgruppe „Weiße Rose" später von den Nationalsozialisten hingerichtet werden sollte) im Jahr 1930 die erste schriftlich niedergelegte Sammlung einer Musik heraus, die heute ohne sein Wirken wohl kaum mehr jemand kennen dürfte.
Manche werfen dem Kiem Pauli zwar vor, daß er sich bei der Auswahl der Lieder vielleicht ein wenig zu sehr von seinem persönlichen Geschmack leiten und kritische Lieder, die er für die Ohren seines herzoglichen Gönners wohl nicht so recht geeignet hielt, unter den Tisch fallen ließ. Dennoch steht fest, daß ohne die unermüdliche Arbeit des dünnen Mannes mit der Nickelbrille die bayerische Volksmusik heute nicht eine der reichsten und am wenigsten verfälschten in ganz Deutschland wäre.
„Macht's koa G'schäft draus", soll der Kiem Pauli kurz vor seinem Tod gesagt haben; ein Satz, den sich die vielen „volkstümlichen" Duos, Trios und Kapellen hinter die Ohren schreiben sollten, deren sich heute mit Hilfe des Fernsehens epidemieartig ausbreitendes Gedudel nichts mit der echten Volksmusik zu tun hat, für die sich der Kiem Pauli sein Leben lang einsetzte.
Viele Volksmusikanten danken das „ihrem Pauli" noch heute, wenn sie am vierten Adventssonntag eines jeden Jahres nach dem traditionellen Weihnachtssingen in der Kreuther Pfarrkirche hinaus auf den Friedhof kommen und ihm einen Jodler übers Grab schallen lassen.

Auch wenn's wohl nirgendwo mehr so urig zugeht wie hier 1907 auf dem Hirschberg bei Tegernsee, kann man immer noch bei zahlreichen Volkstanzveranstaltungen im Oberland einen zünftigen „Schuhplattler" miterleben.

So stellte sich der mit bayerischen Gebräuchen nicht allzu vertraute Photograph 1903 das „Kammerfensterln" vor, bei dem die Burschen des Nachts über eine Leiter ins Fenster der Angebeteten kraxelten – und zwar leise, um den schlafenden Bauern nicht zu stören. Heutzutage ist diese Art der Annäherung an die „Madln" im Oberland allerdings nicht mehr zur Nachahmung zu empfehlen.

Dieser zwischen moosbewachsenen Felsen herabstürzende Wasserfall ist wohl eine jener Stellen, wo „den Wanderer ein ganzer Schauer von Romantik überläuft, so daß er wieder an Wassernixen, Waldweiblein, Tatzelwürmer und alles mögliche zu glauben anfängt“, wie Ludwig Steub Mitte des 19. Jahrhunderts bemerkte. Steub war es übrigens auch, der seinerzeit den Wirt Simon Schweinsteiger dazu anregte, nicht weit von diesem Wasserfall das „Wirtshaus zum feurigen Tatzlwurm“ zu eröffnen, in dem durstige Bergwanderer noch heute gerne einkehren.

Hier empfinden die Füße, daß der Körper, den sie tragen, eine Last ist, und ich habe in dem Innersten meiner Gebeine Schmerzen empfunden, die ich vorher nicht kannte" – diesen Satz des Erstbesteigers Lorenz Westenrieder mag mancher „Bezwinger" des Wendelsteins – dank zweier Bergbahnen – heute wohl nicht mehr ganz nachempfinden können. Das Panorama aber – hier ein Blick ins obere Leitzachtal – ist nach wie vor so atemberaubend wie zu Zeiten von Westenrieder, der es mit „Herrlich! Herrlich! Herrlich!" beschrieb.

Als „wüste Einsamkeit, vorher die Heimat und der Tummelplatz wilder Tiere und ein Drachenlager" – so beschreibt Abt Conrad von Scheyern Anfang des 13. Jahrhunderts die nach einer Einsiedlerzelle benannte „Zell" am Fuße des Wendelsteins. Die vielen Touristen, die seit gut hundert Jahren in Scharen in den mittlerweile in „Bayrischzell" umbenannten Ort kommen, dürften das ganz anders sehen. Ihnen bietet sich hier im Sommer ein komfortables „Basislager" für ausgedehnte Bergwanderungen, und im Winter ist es nicht weit zum beliebten Skigebiet am Sudelfeld.

Im Winter stehen hier auf riesigen Parkplätzen die Blechkarossen der Skifahrer, aber im Sommer und Frühherbst ist die Paßhöhe des Spitzingsattels ein guter Ausgangspunkt für Touren auf Jägerkamp, Aiplspitz, Taubenstein, Rotwand und andere Berge.

Seit 1973 plätschert kein Heilwasser mehr aus den Marmorbrünnlein in der Wandelhalle des ehemaligen Wildbads Kreuth. König Max I. ließ nicht nur von 1820 bis 1825 das langgestreckte Kurgebäude mit Wandelhalle errichten, sondern auch für die dort ebenfalls angebotenen Molkekuren auf den nahegelegenen Almen ganze Ziegenherden weiden. Hier, wo im vergangenen Jahrhundert der europäische Adel gerne seine Zipperlein kurierte, aber auch bedürftige Untertanen mit finanzieller Hilfe des Königs ihre Gesundheit wiederherstellen konnten, residiert heute die CSU-nahe Hanns-Seidel-Stiftung.

Ein Jodler schallt am vierten Adventssonntag eines jeden Jahres über den sonst so stillen Friedhof des Dorfes Kreuth. Sänger und Musikanten, die zuvor in der Kirche am traditionellen Weihnachtssingen teilgenommen haben, ehren damit „ihren“ Kiem Pauli, der seit 1960 hier begraben liegt. Der unermüdliche Sammler bayerischen Liedgutes hat wie kein zweiter dazu beigetragen, daß der reiche Volksmusikschatz Oberbayerns nicht in Vergessenheit geriet.

Auch wenn anderswo die Kirchen immer leerer werden – im Oberland ist vielerorts die Welt noch in Ordnung. Hier, wo die Liebe zu Brauchtum und Heimat überall lebendig ist, haben auch kirchliche Feste viel von ihrer ursprünglichen Bedeutung und Anziehungskraft bewahrt, wie es alljährlich die rege Beteiligung an den Fronleichnamsprozessionen – hier der Kreuther – beweist.

Bad Tölz
Die Marktstraße des durch Salzhandel reich gewordenen Ortes gilt als eine der schönsten in Bayern; die prächtigen Bürgerhäuser mit ihrer phantasievollen Lüftlmalerei wurden allesamt liebevoll erhalten und restauriert. Sehenswert auch die Pfarrkirche Mariä Himmelfahrt, die Franziskanerkirche, die Wallfahrtskirche Maria Hilf auf dem Mühlfeld und die Kalvarienbergkirche. Im ehemaligen Rathaus (das zuvor den Bürgerbräu beherbergte) in der Marktstraße gibt es seit 1981 ein Heimatmuseum mit interessanten Sammlungen zur Heimatkunde und Stadtgeschichte. Am 6. November findet in Tölz alljährlich eine der schönsten Leonhardifahrten des Oberlandes statt.
Weitere Auskünfte erteilt die Kurverwaltung: Tel. 08041/7 00 71

Bad Wiessee
Daß Bad Wiessee noch 1871 ein Dorf mit ganzen 350 Einwohnern war, sieht man dem Kurort von heute nicht mehr an. Anfang unseres Jahrhunderts wurde hier, am Westufer des Tegernsees, eine Heilquelle entdeckt, deren Wasser bei mannigfaltigen Leiden Linderung verspricht. Heute geschieht das in einem modernen Kurzentrum mit vielen Therapiemöglichkeiten. Auf einer 1929 eingerichteten Seepromenade läßt es sich gut spazierengehen, und wer will, kann im Spielkasino sein Glück am Roulettetisch versuchen – Krawatte ist Pflicht. Ein beliebtes sommerliches Wanderziel ist der „Bauer in der Au", den man über einen schattigen Waldweg am Ufer des Söllbachs entlang erreicht. Leider ist der stattliche, historische Bauernhof 1971 abgebrannt, heute steht dort ein etwas kleineres Haus.
Weitere Auskünfte erteilt das Kuramt: Tel. 08022/8 60 30

Bayrischzell
Ein kleiner, 900 Jahre alter Kurort am Fuß des Wendelsteins, zu dessen phantastischem Rundblick die Wendelstein-Kabinenbahn von Osterhofen hinaufführt. Die 1733 erweiterte und erneuerte Kirche in Bayrischzell hat noch einen spätgotischen Turm. In den Ortsteilen Osterhofen und Geitau sind schöne Bauernhäuser erhalten, und seit 1921 ist die 11 Meter hohe und 200 Meter lange Wendelsteinhöhle der Öffentlichkeit zugänglich. Skifahrer zieht es ans nahe Sudelfeld mit seinen vielen, gut ausgebauten Liftanlagen.
Weitere Auskünfte erteilt das Kuramt: Tel. 08023/648

Bergbahnen
Wichtige Bergbahnen im Oberland:
Brauneckbahn bei Lenggries
Wallbergbahn bei Rottach-Egern
Wendelstein-Kabinenbahn bei Osterhofen (von Brannenburg auf der anderen Seite führt eine historische Zahnradbahn auf den Berg)
Taubensteinbahn am Spitzingsee

Birkenstein
Eine halbe Stunde Fußmarsch von Fischbachau entfernt stößt man auf die 1710 erbaute doppelstöckige Marienwallfahrtskirche mit einem spätgotischen Gnadenbild. 1760 erhielt sie eine prächtige, reich vergoldete Rokokoausstattung. Jedes Jahr an Mariä Himmelfahrt führt hierher eine beliebte Trachtenwallfahrt.

Dietramszell
Das frühere Augustinerchorherrenstift beherbergt heute eine Montessori-Schule. Die Klosterkirche, ein schönes Beispiel für späten Barock, ist von prächtigen alten Kastanien umstanden. Im Inneren sollten neben den Fresken und Stukkaturen von Johann Baptist Zimmermann nicht die vielen emaillierten oder in Kupfer getriebenen Namenstafeln an den Kirchenbänken übersehen werden, mit denen früher die Bauern ihre Stammplätze markierten. Nordwestlich von Dietramszell, an der Straße nach Linden, liegt landschaftlich reizvoll die kleine Wallfahrtskirche St. Leonhard.

Fall
→ siehe Sylvenstein-Stausee

Fischbachau
Die zwischen 1096 und 1100 erbaute Kirche St. Martin ist die älteste, fast vollständig erhaltene romanische Basilika in Oberbayern. Ihre ursprüngliche äußere Form wurde zum großen Teil bewahrt. Im Inneren wurde sie im 18. Jahrhundert mit Rokokostuck ausgestattet, vermutlich von Künstlern aus der Werkstatt Johann Baptist Zimmermanns. Im nahen Leitzachtal haben sich viele typische, mit anmutiger Lüftlmalerei geschmückte Bauernhöfe erhalten, wie zum Beispiel der Wiedenbauernhof bei Wörnsmühl und der Jodlbauernhof in Hagnberg.
Weitere Auskünfte erteilt das Fremdenverkehrsamt: Tel. 08028/876 oder 23 70

Gebirgsschützen
Geschossen wird bei den Gebirgsschützen heute nur noch auf Scheiben, aber in früherer Zeit waren sie wichtige Verbände zur Verteidigung ihrer Heimat, die auch beim Volksaufstand von 1705 kräftig mitmischten. Mittlerweile sind die Gebirgsschützenkompanien, die bei offiziellen Anlässen auf- und bei Fronleichnamsprozessionen mitmarschieren, wichtige Bewahrer bayerischen Brauchtums. Kompanien gibt es im Oberland u. a. in Bad Tölz, Lenggries, Wackersberg, Waakirchen, Tegernsee und Schliersee.

Gmund
Das „Tor zum Tegernsee" liegt am Abhang einer eiszeitlichen Endmoräne an der Nordspitze des Sees. In der 1690 von Lorenzo Sciasca erbauten Pfarrkirche St. Ägidius – einem der frühesten Beispiele für italienischen Barock in Bayern – sind ein Hochaltarblatt und ein weiteres Altarbild von Hans Georg Asam sowie ein spätgotischer Taufstein aus dem 15. Jahrhundert zu sehen. Gmund ist von allen Gemeinden um den See herum noch die ursprünglichste und bäuerlichste. In ihrer Umgebung finden sich viele wohlproportionierte Einfirsthöfe, bei denen Wohnhaus, Stall und Scheune unter einem langen Dachfirst vereinigt sind.

Hausham
Vom Kohlebergbau, der in Hausham von 1847 bis 1966 betrieben wurde, ist nur der stillgelegte Förderturm im Industriegebiet übriggeblieben.

Hundham
Der Ort im Leitzachtal ist schon seit Anfang des 9. Jahrhunderts besiedelt. Hier finden sich noch viele alte Bauernhäuser mit besonders schönen, geschnitzten Balkonen. Sehr eindrucksvoll ist der Wiedenhof aus dem 16. Jahrhundert mit seiner schönen Lüftlmalerei. Am 6. November findet in Hundham eine bekannte Leonhardifahrt statt.

Irschenberg
Im Ort selbst ist die 1696 erbaute Pfarrkirche St. Johann Baptist mit Miesbacher Stuck im Innern sehenswert. Einen der schönsten Ausblicke in ganz Oberbayern über das grüne Voralpenland in die Schlierseer Berge hat man von der St. Marinus-Anianus-Kirche im nahen Wilparting, die 1697 über spätgotischen Grundmauern errichtet und 1724 erneuert wurde.

Kiem Pauli
Paul Kiem, wie er eigentlich heißt (in Bayern stellt man gerne den Nachnamen voran), wurde 1882 in München geboren und starb 1960 in Wildbad Kreuth. Ursprünglich Musikant und Coupletsänger, unternahm er seit Mitte der zwanziger Jahre Reisen durch ganz Oberbayern, um alte Volksweisen und -lieder aufzuzeichnen und vor dem Vergessenwerden zu bewahren. Zusammen mit dem Musikwissenschaftler Professor Kurt Huber gab er mehrere Liedersammlungen heraus, darunter das „Altbayerische Liederbuch für jung und alt". Bereits 1930 übertrug der erst fünf Jahre alte Bayerische Rundfunk – der damals noch „Deutsche Stunde in Bayern" hieß – Teile des vom Kiem Pauli organisierten legendären Preissingens in Egern am Tegernsee und übernahm damit eine wichtige Rolle in der Pflege der bayerischen Volksmusik, die er bis heute innehat.

Kreuth
Die Dorfkirche wurde 1184 als erste in Bayern dem heiligen Leonhard geweiht. 1489 bis 1491 entstand ein 1776 erweiterter Nachfolgebau. Am 4. Adventssonntag findet hier alljährlich ein Weihnachtssingen statt, nach dem die Sänger auf den Friedhof hinaustreten und dem dort begrabenen Kiem Pauli ein posthumes Ständchen darbringen. Siehe auch Wildbad Kreuth.

Lenggries
Die 8200-Seelen-Gemeinde, die ihren Namen vom „Langen Gries", einem der ausgedehnten Geröllfelder an der Isar hat, ist mit ihren 50 Ortsteilen die flächenmäßig größte Gemeinde der Bundesrepublik. Im Winter ist Lenggries ein Zentrum für Skifahrer, die von hier aus mit der Seilbahn zum Skizirkus auf dem Brauneck fahren. Vom südlich des Ortskerns gelegenen Kalvarienberg aus hat man einen herrlichen Blick über das Isartal. Hier steht auch eine Wallfahrtskapelle, in der eine interessante Votivtafel aus den Zeiten des Volksaufstands von 1705 verwahrt wird. Das in der Nähe gelegene Schloß Hohenburg hat lange Jahre die Geschicke des Ortes bestimmt; seit 1952 ist es ein Mädcheninternat.
Weitere Auskünfte erteilt das Fremdenverkehrsamt: Tel. 08042/50 08 20

Leonhardifahrt
Der heilige Leonhard, ein fränkischer Einsiedler, wurde um 500 geboren. Er galt zunächst als Schutzpatron der Kranken und Gefangenen, später auch als der des Viehs. Am 6. November, dem Leonharditag, werden in vielen bayerischen Orten Leonhardiritte und -fahrten veranstaltet. Dabei werden prachtvoll geschmückte Wagen mitgeführt. Im Oberland finden traditionelle Leonhardifahrten unter anderem in Bad Tölz, Lenggries, Kreuth, Hundham, Reichersdorf und Schliersee statt.

Miesbach
Erst 1918 erhielt die heutige Kreisstadt mit ihren 9300 Einwohnern das Stadtrecht. Miesbachs Altstadt mit ihren schönen Bürgerhäusern steht unter Denkmalschutz. Empfehlenswert ist ein Spaziergang vom Oberen Markt den Lebzelterberg hinunter in die Unterstadt, deren behäbige Häuser davon zeugen, daß Miesbach aus einem Bauerndorf erwachsen ist. Nach wie vor ist die Stadt ein bedeutendes Zentrum der Viehzucht, denn das Miesbacher Fleckvieh ist in aller Welt begehrt. In der 1910 erbauten Oberlandhalle finden große Viehauktionen statt. Sehenswert ist auch ein von Johann Baptist Zimmermann stukkierter Saal im Schloß Wallenburg, einem früheren Sitz der Grafen von Hohenwaldeck, der später an die Grafen von Maxlrain überging. Im Heimatmuseum sind neben Volkskunst und Trachten auch Erinnerungsstücke an das geheimnisumwitterte Haberfeldtreiben zu sehen, das hier sein wichtigstes Zentrum hatte.
Weitere Auskünfte erteilt das Fremdenverkehrsamt: Tel. 08025/2 83 21

Rottach-Egern
Die beiden Orte Rottach und Egern am südlichen Ende des Tegernsees, die um die Wende vom 11. zum 12. Jahrhundert erstmals erwähnt wurden, sind heute ein lebhafter Doppelort, in dem es seit dem einsetzenden Bauboom in den siebziger Jahren unseres Jahrhunderts manchen Leuten allerdings etwas zu modern und mondän zugeht. Nobelhotels und edle Geschäfte findet man hier konzentrierter als irgendwo anders am Tegernsee.
In der Egerner Pfarrkirche Sankt Laurentius ist neben anderen Kunstwerken ein von Hans Georg Asam 1690 gemaltes Hochaltarbild sehenswert. Auf dem Friedhof der Kirche liegen neben vielen anderen Prominenten auch die Schriftsteller Ludwig Ganghofer und Ludwig Thoma begraben. Thomas Wohnhaus auf der Tuften kann nach telefonischer Voranmeldung (08022/53 82) besichtigt werden. Die 1955 erbaute evangelische Auferstehungskirche in Egern entwarf Olaf Andreas Gulbransson, der Sohn des berühmten Zeichners Olaf Gulbransson.
Den besten Blick über das gesamte Tegernseer Tal hat man vom 1722 Meter hohen, südlich von Rottach-Egern gelegenen Wallberg, auf den man bequem mit einer Kabinenbahn hinauffahren kann. Weitere Informationen, auch über die zahlreichen kulturellen und Brauchtumsveranstaltungen im Ort erteilt das Fremdenverkehrsamt: Tel. 08022/ 67 13 41.

Schaftlach
Hier kann man von der Bundesbahn in die Tegernseebahn umsteigen, die zu bestimmten Zeiten auch Fahrten mit historischen Dampfzügen durchführt. → siehe Tegernseebahn.

Schliersee
Auf dem Friedhof von St. Martin im Ortsteil Westenhofen befindet sich das Grab des berühmten Wildschützen Jennerwein.
In der 1712 bis 1714 von Caspar Gläßl erbauten Stiftskirche St. Sixtus stammt der Unterbau des Turms noch aus dem Jahr 1466, der Spitzhelm des Turms hingegen wurde 1873 neu hinzugefügt, nachdem die alte Turmspitze durch Blitzschlag zerstört worden war. Stukkaturen und Fresken stammen von Johann Baptist Zimmermann, dem Bruder des Erbauers der berühmten Wieskirche bei Steingaden. Im spätgotischen „Schrödelhaus" aus dem 15. Jahrhundert ist heute das Heimatmuseum untergebracht, in dem unter anderem eine alte „Rauchkuchl" mit offener Feuerstelle zu bewundern ist. Auch die übrigen Häuser der ehemaligen Chorherren des Stifts Schliersee sind sehr sehenswert. Seit 1972 ist das seit 779 bestehende Schliersee Kurort und hat mit seinem See und den Wandermöglichkeiten in den umliegenden Bergen Erholungsuchenden eine Menge zu bieten. Im „Hotel Gasthaus Terofal" wird wie zu Zeiten des berühmten Theaterdirektors Xaver Terofal heute wieder Schlierseer Bauerntheater gespielt.
Weitere Auskünfte erteilt die Kurverwaltung: Tel. 08026/40 69

Skifahren
An Abfahrten und Liften herrscht in den Skigebieten des Oberlandes kein Mangel, wohl aber fehlt es in jüngster Zeit ein wenig an Schnee. Doch wenn die weiße Pracht vom Himmel fällt, findet der Skifahrer am Wallberg bei Rottach-Egern, am Sudelfeld bei Bayrischzell, im Gebiet um den Spitzingsee und am Brauneck bei Schliersee alles, was das Herz begehrt. In letzter Zeit werden allerdings kritische Stimmen laut, die den übermäßigen Skilauf wegen der von ihm verursachten Umweltschäden einschränken wollen.

Sylvenstein-Stausee
Früher war der Sylvenstein eine von Flößern gefürchtete Engstelle an der noch unregulierten Isar. Von 1954 bis 1959 wurde hier ein Erddamm mit Kraftwerk errichtet und ein bis zu 80 Millionen Kubikmeter fassender künstlicher See aufgestaut. In seinen Fluten liegt das alte Dorf Fall, in dem Ludwig Ganghofers mehrmals verfilmter Roman „Der Jäger von Fall" spielt. Das heutige Fall wurde in den fünfziger Jahren nicht weit davon komplett neu errichtet.

Tatzelwurm
Der Tatzelwurm ist eigentlich ein feuerspeiender Drache aus der bayerischen Sagenwelt. Wenn heute aber jemand vom Tatzelwurm spricht, so meint er das Wirtshaus „Zum feurigen Tatzlwurm", das an der Tatzelwurmstraße zwischen Bayrischzell und Oberaudorf liegt. Mittlerweile ist es ein komfortables Berghotel, in dem trotz mehrerer Erweiterungen und Umbauten noch immer die historische Gaststube aus dem ursprünglichen Haus von 1863 erhalten ist, wo sich früher Maler und Literaten ein Stelldichein gaben. In der Nähe rauscht ein 70 Meter hoher, wildromantischer Wasserfall.

Tegernsee
Der Ort Tegernsee wurde über 1000 Jahre lang von dem im 8. Jahrhundert gegründeten Benediktinerkloster Tegernsee dominiert. Heute beherbergt die von Leo von Klenze klassizistisch umgebaute Anlage des Klosters nicht nur die dreischiffige Kirche mit Malereien von Hans Georg Asam und drei prächtigen Barockaltären. Auch ein Gymnasium und das Heimatmuseum befinden sich hier, ebenso wie das mit Recht gerühmte Klosterbräustüberl des Herzoglichen Brauhauses Tegernsee, in dessen gemütlicher Bierhalle der St. Quirinusbock gleich noch einmal so gut schmeckt. Im Olaf-Gulbransson-Museum im Kurgarten werden neben Gemälden und Zeichnungen des bekannten „Simpl"-Karikaturisten auch wechselnde Sonderausstellungen gezeigt. Bei den alljährlich im Frühherbst stattfindenden Tegernseer Wochen kann man unverfälschte Volksmusik, Theater und Tanz genießen. Sehenswert sind auch der Bahnhof der →Tegernseebahn, die St. Quirins-Kapelle aus dem 15. Jahrhundert und natürlich die Seepromenade. Für weitere Fragen und Informationen steht das Kuramt im Haus des Gastes zur Verfügung: Tel. 08022/18 01 40.

Tegernseebahn
Eine der letzten Privatbahnen in Deutschland, die täglich etwa 20mal zwischen Schaftlach und Tegernsee verkehrt, wo ein sehenswerter alter Bahnhof steht. An mehreren Sonntagen in der Sommersaison – für Gruppen auch nach Vereinbarung – verkehrt ein historischer Dampfzug mit einer Lok von 1936 und Wagen aus den frühen zwanziger Jahren. Informationen bei der Tegernseebahn GmbH, Tel. 08022/9 16 60.

Vorderriß
Hier am Südzipfel des Isarwinkels stehen nur ein paar Häuser, darunter das Forsthaus, in dem Ludwig Thoma seine Kinderjahre verlebte. Zum Verweilen und als Stützpunkt für Wanderungen ins nahe Karwendelgebirge bietet sich der gemütliche „Gasthof zur Post" an. Die kleine Königskapelle wurde 1866 unter König Ludwig II., der häufig in der Vorderriß war, renoviert und umgebaut.

Waakirchen
Der „Waakirchner Löwe", ein Prachtexemplar des bayerischen Wappentiers, liegt auf einem 1905 errichteten Denkmal auf der Bauernfahne und blickt gen München, wo anno 1705 während der Sendlinger Mordweihnacht viele Waakirchner ihr Leben lassen mußten. Jedes Jahr marschieren hier am 24. Dezember nach der Christmette Gebirgsschützenkompanien aus der Umgebung auf und gedenken dieser Toten. Die Christmette ist wegen der vielen Volksmusikanten, die für die musikalische Umrahmung sorgen, besonders schön. Kein Wunder, schließlich stammen auch die „Waakirchener Sänger" von hier, die noch den → Kiem Pauli persönlich begeisterten.

Weyarn
Die von 1687 bis 1693 erbaute Pfarrkirche St. Peter und Paul gehörte einmal zu einem Augustinerchorherrenstift. In ihr befinden sich wertvolle Schnitzwerke von Ignaz Günther, darunter das Tabernakel des Hochaltars, eine Pietà und eine Verkündigungsgruppe. Stuck und Deckengemälde stammen von Johann Baptist Zimmermann.
Landschaftlich besonders reizvoll ist der in der Nähe gelegene Seehamer See.

Wildbad Kreuth
1818 kaufte König Max II. in einem stillen Talkessel das dort in den ersten Jahren des 16. Jahrhunderts errichtete klösterliche Badehaus mitsamt Heilquelle. Von 1820 bis 1826 entstanden die nahe gelegenen Gebäude der königlichen „Molken- und Badeanstalt", die 1973 ihren Betrieb einstellte. Seitdem residiert in den langgestreckten Bauten die CSU-nahe Hanns-Seidel-Stiftung, die hier ein Tagungszentrum unterhält. Die Gegend um das frühere Heilbad bietet mannigfaltige Möglichkeiten zu Wanderungen in unverbrauchter Natur.
Weitere Auskünfte erteilt die Kurverwaltung Kreuth: Tel. 08029/18 19.

AUGSBURG
Markt Indersdorf
Freising
Erding
Taufkirchen
Dorfen
Königsbrunn
Dachau
Garching
Ismaning
MÜNCHEN
Haag
Kloster-lechfeld
Fürsten-feldbruck
Puchheim
Gräfel-fing
Wertach
Gauting
Unter-haching
Ottobrunn
Ebersberg
Buchloe
Landsberg
Wörth-see
Starnberg
Grün-wald
Ammersee
Andechs
Rott
Wolfratshausen
Starnberger See
Isar
Feldkirchen--Westerham
Bad Aibling
Holzkirchen
Rosenheim
Weilheim
Schongau
Seeshaupt
Miesbach
Bad Feilnbach
Bad Tölz
Stein-gaden
Wies-kirche
Bayersoien
Benedikt-beuern
Lenggries
Lech
Murnau
Inn
Forggensee
Bad Kohlgrub
Ober-ammergau
Walchen-see
Kufstein
Linderhof
Garmisch-Partenkirchen
Plansee
ZUGSPITZE 2963 m
Mittenwald
Achen-see
Wörgl
Ehr-wald
Rattenberg
Jenbach
Ziller
Nassereith
Schwaz
Telfs
Seefeld
Hall i. Tirol
Inn
INNSBRUCK
Stams